Mutter Teresa

rowohlts monographien
begründet von
Kurt Kusenberg
herausgegeben von
Uwe Naumann

Mutter Teresa

Dargestellt von Norbert Göttler

Rowohlt Taschenbuch Verlag

Umschlagvorderseite: Mutter Teresa während einer Rede
in Washington, 1981
Umschlagrückseite: Mutter Teresa mit einem ihrer Schützlinge
im Kinderhaus
Mutter Teresa wird am 10. Dezember 1979 für ihr Lebenswerk
mit dem Friedensnobelpreis geehrt. Rechts der Vorsitzende
des norwegischen Nobelpreis-Komitees, John Sanness

Seite 3: Mutter Teresa, um 1990

*Originalausgabe
Veröffentlicht im Rowohlt Taschenbuch Verlag,
Reinbek bei Hamburg, Juni 2010
Copyright © 2010 by Rowohlt Verlag GmbH,
Reinbek bei Hamburg
Umschlaggestaltung any.way, nach einem Entwurf von Ivar Bläsi
Redaktion Wolfgang Müller
Redaktionsassistenz Katrin Finkemeier
Reihentypographie Daniel Sauthoff
Layout Ingrid König
Satz* Proforma *und* Foundry Sans *PostScript,
InDesign 5.0.3
Gesamtherstellung CPI – Clausen & Bosse, Leck
Printed in Germany
ISBN 978 3 499 50705 2*

INHALT

Eine Heilige des 20. Jahrhunderts?
Mythos und Wirklichkeit — 7

«Ich wollte in die Welt ziehen ...»
Herkunft und religiöse Sozialisation — 13

Auf den Spuren der «Kleinen Thérèse»
Erste Erfahrungen mit dem Ordensleben — 20

«Christi kleine glückliche Braut»
Erste Schritte in Indien — 24

Zwischen Freiheit und Bürgerkrieg
Die politische Lage in Kalkutta — 29

«Bei Strafe einer Todsünde ...»
Mutter Teresas Privatgelübde von 1942 — 38

Die «Berufung in der Berufung»
Mystische Visionen und Auditionen — 42

«Sühneseelen für Indien»
Mutter Teresas Ringen um Glaubwürdigkeit — 49

«Mit dem Segen des Gehorsams»
Auf dem Weg zum eigenen Orden — 57

«Ich bin Inderin und Indien ist mein Land»
Die «Missionaries of Charity» entstehen — 60

Die Ordensregel der «Missionaries»
Struktur und Anspruch — 63

Den Sterbenden und Ausgestoßenen begegnen — 70

«In mir ist solche Dunkelheit ...»
Der Schatten des Zweifels — 77

«Nur ein kleiner Bleistift
in der Hand unseres Herrn»
Strategien der Sublimation   **88**

Der «Brüderorden» und die
«Gemeinschaft der Leidenden»   **98**

Erste Auslandsreisen und
beginnendes Ansehen in der Öffentlichkeit   **102**

Politik, das ungeliebte Metier   **106**

Expansion des Ordens, weltweite
Aufmerksamkeit und der Friedensnobelpreis   **114**

«Wenn es auf dem Mond Arme gibt,
werden wir dorthin gehen!»
Die Unrast der letzten Jahre   **119**

Tod und Staatsbegräbnis   **126**

«Lieben, bis es wehtut ...»
Die Wirkungsgeschichte   **130**

Kritische Einwände
gegen das Werk Mutter Teresas   **134**

Würdigung und Bewertung   **141**

Anmerkungen   **147**
Zeittafel   **151**
Zeugnisse   **152**
Bibliographie   **153**
Namenregister   **155**
Über den Autor   **158**
Quellennachweis der Abbildungen   **158**

Eine Heilige
des 20. Jahrhunderts?
MYTHOS UND WIRKLICHKEIT

Eine Albanerin namens Agnes Gonxha Bojaxhiu[1] kennt niemand, Mutter Teresa aus Kalkutta jeder. Historische Person und Mythos sind bei ihr eins geworden. Mit Hilfe der Medien entstand eine weltbekannte Glaubensikone, in deren Leben es – so scheint es – keine Widersprüche, Zweifel und Rückschläge gegeben hat. Bis zu ihrem 60. Lebensjahr war der Ruf Mutter Teresas kaum über Kalkutta hinausgedrungen, dann

Mutter Teresa
in Paris, um 1970

aber wurde die Ordensgründerin mit ihrem weißen, nur mit einer himmelblauen Borte geschmückten Sari zum «Engel der Armen», zur «Heiligen von Kalkutta». Das ausgehende 20. Jahrhundert, säkularisiert und nüchtern, brauchte einen religiös-romantischen Mythos, und man schuf sich diesen Mythos. Hunderte von Büchern und Filmen sind seither über die Friedensnobelpreisträgerin auf den Markt gebracht worden, allein die Internet-Suchmaschine Google weist über 700 000 Einträge aus. Eine repräsentative Umfrage unter 400 deutschen Wirtschaftsführern ermittelte 2001 Mutter Teresa als faszinierendste Persönlichkeit der neueren Geschichte, gefolgt von Bill Gates, Goethe, Mozart und Picasso.[2]

Überall auf der Erde erfüllen Ordensleute religiöse und soziale Aufgaben, engagieren sich als Entwicklungshelfer, leisten Jugendliche freiwillige Dienste. Viele dieser Menschen haben ihre Heimat hinter sich gelassen und leben freiwillig in einfachsten, bisweilen auch gefährlichen Verhältnissen. Viele hat dieser Einsatz für Arme, Kranke, Entrechtete tief geprägt und zu einzigartigen Persönlichkeiten heranreifen lassen. Warum war es gerade Mutter Teresa, alt und bereits gebrechlich, die die Welt faszinierte? Warum hat man gerade in ihrem Antlitz ein bereits verlorengeglaubtes Menschheitsideal der Barmherzigkeit, der Nächstenliebe und der unbedingten Hingabe zu erkennen gemeint?

Natürlich, ihr Lebenswerk ist in hohem Maße beeindruckend. Mutterseelenallein, gegen vielerlei Widerstände und mit nur fünf Rupien in der Tasche hatte Mutter Teresa 1948 das beschauliche und etwas elitäre Schulkloster, in das sie zwanzig Jahre zuvor eingetreten war, verlassen, um in Kalkutta, einer von religiösen Konflikten vergifteten und von sterbenden Flüchtlingen übersäten Stadt, den Ärmsten der Armen beizustehen. Wochen später hatte sich die junge Nonne weinend in einen schmutzigen Flur gesetzt. Vor Hitze, Durst und Verzweiflung wollte sie – nach ihrem eigenen Bericht – auf der Stelle sterben. So mühsam und von tiefer Depression geprägt war der Beginn ihres Werkes. Heute arbeiten fast 5000 «Missionare und Missionarinnen der Nächstenliebe» in nahezu allen Län-

Slum in Kalkutta, 1960

dern der Erde. Der Orden unterhält über 700 Heime für Sterbende, Lepra- und Aidskranke, Obdachlose und Waisenkinder. Kaum jemand hat sich ihrem Ruf entziehen können. Fidel Castro hat Ordensleute von Mutter Teresa ebenso in sein Land gelassen wie die Herrscher von Vietnam, China und Russland. Staatsführer wie Indira Gandhi und Ronald Reagan baten die gebeugte Ordensgründerin zu Vieraugengesprächen, Papst Johannes Paul II. empfing sie regelmäßig in Privataudienz. Schätzungen zufolge erhält der Orden rund 100 Millionen US-Dollar Spenden im Jahr. 1979 wurde Mutter Teresa mit dem Friedensnobelpreis ausgezeichnet, am 19. Oktober 2003 wurde sie in einem Eilverfahren seliggesprochen. Ihre alte albanische Heimat, einstmals Hochburg des Betonkommunismus, begeht diesen Tag seither als Nationalfeiertag. Vielleicht hatte UN-Generalsekretär Javier Pérez de Cuéllar recht, als er Mutter Teresa «die mächtigste Frau der Welt»[3] nannte.

Papst Johannes Paul II. begrüßt Mutter Teresa bei ihrem Besuch im Vatikan am 20. Mai 1997.

Aber für eine gottesfürchtige Nonne wie Mutter Teresa können solche Äußerlichkeiten allein nicht wirklich zählen. *Nicht der Erfolg, sondern die Treue im Glauben ist wichtig!*[4], hätte sie zu all den Zahlen und Fakten gesagt. Also fragen wir nach dem inneren Weg, nach ihrer Berufung und ihrer Beziehung zu Gott. Ein Leben lang sei sie *verliebt*[5] gewesen in Jesus, hätte sie gesagt, sie sei seine *geliebte Braut* gewesen. Ihre Briefe an ihn unterschrieb sie mit *Deine Kleine* und *Deine Geliebte*. Jesus und seine kleine Ordensfrau, die fröhliche Nonne und ihr Bräutigam – Mutter Teresa hat zeitlebens diesen fast erotischen Mythos gepflegt, hat alle Fragen nach Glaubenskrisen, nach Zweifeln und Sinnleere trotzig und selbstbewusst zurückgewiesen: *Als ich achtzehn wurde, beschloss ich, meine Heimat zu verlassen und Ordensschwester zu werden, und seitdem, seit nunmehr vierzig Jahren, habe ich keine Sekunde daran gezweifelt, dass ich das Richtige tat: Es war der Wille Gottes. Es war Seine Wahl!*[6]

Und doch hat der Schein, der fromme Mythos, lange getrogen. Spätestens seit 2007 – zehn Jahre nach ihrem Tod – hat die Öffentlichkeit Kenntnis von den geheimen Aufzeichnungen der Ordensfrau aus Kalkutta genommen. Offenbar wurden die Gedanken einer einsamen, verunsicherten Frau, die ein Großteil ihres Lebens an der Existenz Gottes, am Sinn des Lebens, an jeglicher Hoffnung auf Zukunft zweifelte: *Wo ist mein Glaube? Selbst tief drinnen in meinem Innersten ist nichts als Leere und Dunkelheit. […] Ich habe keinen Glauben.*[7]

Jahrzehntelang lebte Mutter Teresas Seele ein Doppelleben: mystische, kritiklose Hingabe einerseits, Zweifel und Depression andererseits. Eine Seele, die sich in ihrer Verzweiflung nur ihrem Tagebuch und einigen ausgewählten Beichtvätern anvertrauen konnte: *Wofür arbeite ich? Wenn es keinen Gott gibt, kann es auch keine Seele geben. Wenn es keine Seele gibt, dann, Jesus, bist auch du nicht wahr. Der Himmel, welche Leere. Kein einziger Gedanke an den Himmel dringt in meinen Geist ein. Denn dort ist keine Hoffnung!*[8]

Ihre späteren Biographen haben diese Gedanken Mutter Teresas betulich zur notwendigen Phase der Gottsuche abgewertet, haben sie als Phase der geistlichen Dunkelheit, die alle wahren Mystiker der Kirche von Zeit zu Zeit befallen habe, relativiert. Es konnte nicht sein, was nicht sein durfte: dass die Dunkelheit Mutter Teresas nicht Ausdruck temporärer Erschöpfung und Krise war, sondern die dauerhaft entwickelte Grundstruktur ihrer Persönlichkeit. Und die Frage bleibt: Warum brachte eine Frau von der geistlichen Größe Mutter Teresas, die sich, ohne zu zögern, den grauenvollsten Herausforderungen menschlicher Abgründe aussetzte, die sich, allein und den gewaltsamen Tod vor Augen, einem Mob fanatisierter Jugendlicher entgegenstellte, zu Lebzeiten kein öffentliches Wort über ihre religiösen Zweifel über die Lippen? Warum beschwor sie die wenigen Vertrauten, alle entsprechenden Briefe und Notizen umgehend zu vernichten? Warum baute sie selbst so eifrig mit am «Mythos Mutter Teresa»?

Im Folgenden geht es nicht darum, am Lebenswerk einer außerordentlichen Frau zu mäkeln, sondern differenziert danach zu fragen, wie ein solches Werk angesichts der Gebrochenheit und Widersprüchlichkeit seiner Schöpferin entstehen konnte. Wie sich diese Ideale im Lauf ihres langen Lebens veränderten und an irdische Grenzen stoßen mussten. Ebenso wenig soll es darum gehen, das persönliche Verdienst Mutter Teresas an ihrem Werk zu schmälern, sondern vielmehr die benennbaren geistes- und theologiegeschichtlichen Strukturen nachzuzeichnen, auf deren Basis sich ihr Mythos entfalten konnte: Sühneopfer- und Braut-Jesu-Theologie, Königsherrschaft Christi und Zwei-Reiche-Lehre, jesuitische Ideale wie «Dienst für die Seelen» und «Gefährtenschaft Christi» sowie eine rigide Leidens- und Gelöbnisideologie.

«Ich wollte in die Welt ziehen ...»
Herkunft und religiöse Sozialisation

Skopje, der Geburtsort Mutter Teresas, war zu Beginn des 20. Jahrhunderts ein multikultureller Schmelztiegel mit einer Vielzahl unterschiedlicher Ethnien und Religionen. Muslime und Juden, katholische und orthodoxe Christen, Türken, Serben, Albaner und Kosovaren lebten hier zusammen und gaben der Stadt ihr brodelndes, unruhiges Gepräge. Seit der Niederlage der Serben gegen die Türken Ende des 14. Jahrhunderts stand die stets erdbebengefährdete Stadt[9] über 500 Jahre lang unter osmanisch-muslimischer Herrschaft und war Teil des Königreichs Albanien geworden. Die Türken nannten sie «Üs-

Marktplatz in Skopje, 1916

küp». Auch die Familie Bojaxhiu (oder Bojaxhieu) hatte einen Migrationshintergrund und gehörte in zweifacher Weise einer Minderheit an. Erstens war sie katholisch, und zweitens hatte sie ihre historischen Wurzeln nicht im mazedonischen Skopje, sondern im albanischen Kosovo, genauer gesagt, in der Stadt Prizren.

Unter diesen Umständen war die Familie erstaunlich gut in Skopje etabliert, die Vorfahren hatten sich bereits als Kaufleute und Bauunternehmer einen Namen gemacht und besaßen mehrere Häuser. Auch Vater Nicolas («Kole») Bojaxhiu, ursprünglich aus dem nordalbanischen Mirdita kommend, gehörte zu den angesehenen Bürgern der Stadt. Er war Kaufmann und handelte zunächst mit Medikamenten, ehe er Mitinhaber einer lukrativen Baufirma werden konnte. Als Mitglied des Stadtrats von Skopje war er politisch interessiert, sprach mehrere Sprachen (Albanisch, Serbokroatisch, Türkisch, Italienisch und Französisch) und war viel auf Reisen. Daheim führte er ein offenes Haus, in dem auch die Erzbischöfe von Skopje und andere politische Würdenträger aus und ein gingen. Die Sprache, die in der Familie und Schule gesprochen wurde, war Serbokroatisch. Die Mutter, Dranafile («Drana») Bojaxhiu, stammte aus der Nähe von Venedig und war der ruhende Pol der Familie. Sie war achtzehn Jahre jünger als ihr Mann und ebenfalls nicht unvermögend. Die Behauptung vieler Biographen, Mutter Teresa sei in ärmlicher, bäuerlicher Umgebung aufgewachsen, erweist sich daher als falsch und tendenziös. Es war eher eine Gemengelage aus explosiver sozialer Umwelt und behütender Familie, in die die kleine Agnes am 26. August 1910 hineingeboren wurde. Später hat sie gelegentlich den 27. August als Geburtstag angegeben, das war der Tag ihrer Taufe. Sie war damit die Jüngste von drei Geschwistern, denn bereits 1904 waren ihre Schwester Aga (oder Age) und 1907 ihr Bruder Lazar auf die Welt gekommen. Als Nesthäkchen wurde die Kleine bald nicht mehr mit ihrem Taufnamen, sondern mit einem zärtlichen Kosenamen gerufen: «Gonxha», ein Wort aus dem Persischen, das so viel wie «Rosenknospe» bedeutet. Ihr Bruder erinnerte sich später an seine lebhafte Schwester:

Das Mutter-Teresa-Haus in Skopje. Die Begegnungs- und Erinnerungsstätte nahe der Stelle, wo Mutter Teresas Elternhaus stand, wurde 2009 mit Blick auf den 100. Geburtstag der Nobelpreisträgerin im Jahr 2010 eröffnet.

«Sie neckte mich immer, suchte Streit, schlug mich, um mich herauszufordern, warf mich zu Boden, obwohl sie viel kleiner und zwei Jahre jünger war als ich!»[10]

Doch die unbeschwerten Kindheitstage sollten sich bald als zerbrechlich erweisen. 1912 – Agnes Gonxha war zwei Jahre alt – überzog wieder einmal Krieg den Balkan. Die serbische Armee besetzte Skopje, das zu dieser Zeit etwa 50 000 Einwohner zählte, und beendete die osmanische Herrschaft. Zwei Jahre darauf brach der Erste Weltkrieg aus. 1915 wurde die Stadt von bulgarischen Truppen gestürmt und erst 1918 von den Serben zurückerobert. Damit war man Teil des neuen

Serbische Truppen im Zentrum von Skopje, 1914/15

«Königreichs der Serben, Kroaten und Slowenen» (des späteren «Königreichs Jugoslawien») geworden.[II] Krieg in der Stadt, fremde Soldaten in den Häusern, das bedeutete Ängste und seelische Erschütterungen für die Kinder. Der Krieg bedeutete aber auch Aufregung und Verzweiflung für die Erwachsenen. Im Jahr 1919 fiel Agnes Gonxhas geliebter Vater im Alter von nur 45 Jahren den widrigen Zeitumständen zum Opfer. Auf dem Weg zu einer politischen Zusammenkunft im 250 Kilometer entfernten Belgrad erlitt er eine innere Blutung und konnte nicht gerettet werden. Gerüchte, er sei vergiftet worden, machten die Runde, wurden aber nie bestätigt. Sie hatten ihren Ursprung in der Tatsache, dass Nicolas aufseiten der albanischen Freiheitskämpfer stand und diese finanziell unterstützte.

Damit aber nicht genug des Unglücks für die Familie Bojaxhiu. Im Zuge der Ordnung des Nachlasses stellte sich heraus, dass der italienische Geschäftspartner des Vaters die Gelder der gemeinsamen Firma veruntreut hatte. Die ehemals reiche und angesehene Familie Bojaxhiu war über Nacht mittellos und diskreditiert, das Kindheitsparadies der neunjährigen Agnes Gonxha grausam zerbrochen. Die Mutter verfiel über solchem Unglück in eine dreimonatige körperliche und seelische Starre, erholte sich nur mühsam und versuchte dann, sich und die Kinder durch Nähen und andere Aushilfstätigkeiten zu ernähren. Da alle drei Kinder der Familie Bojaxhiu überdurchschnittlich begabt waren, konnten sie trotz ihrer wirtschaftlichen Misere auf dem Gymnasium bleiben. Aga studierte Nationalökonomie und wurde Journalistin bei der Radiostation Tirana. Ihr Bruder Lazar bekam ein Stipendium der Militärakademie Tirana und wurde Soldat.

Auch Agnes Gonxha war ein begabtes Kind. Ihre Stärken zeigten sich bald im musischen und religiösen Bereich. Aufgrund ihrer ethnischen Herkunft gehörte die Familie Bojaxhiu der katholischen Minderheit in Skopje an. Diese Minderheit war zwar keinen Repressionen ausgesetzt, musste sich ihre Identität doch Generation für Generation immer wieder neu erkämpfen. So verwundert es nicht, dass Dranafile Bojaxhiu auch nach dem tragischen Tod ihres Mannes versuchte, die katholische Erziehung ihrer Kinder konsequent fortzuführen. Wie in dieser Zeit nicht selten, folgte die religiöse Sozialisation vor allem der üblichen Marienfrömmigkeit und einer ausgeprägten Herz-Jesu-Verehrung. Agnes Gonxha, in der katholischen Mädchenschule in Shkodra (heute: Skoder) erzogen, wurde auf diese Weise bereits als Kind Mitglied einer Marianischen Kongregation, der «Sodalität der Kinder Mariens», die von einem kroatischen Jesuiten, Pater Franjo Jambrekovic SJ, geleitet wurde. Diese Konstellation wurde für das kleine

Die «Marianische Kongregation (MC)» ist eine weltweite Laienorganisation des Jesuitenordens. Sie wurde 1563 vom flämischen Pater Jean Leunis SJ gegründet und nach dem Zweiten Vatikanischen Konzil offiziell in «Gemeinschaft christlichen Lebens (GCL)» umbenannt. Aufgabe der Kongregation war und ist die Förderung der Marienfrömmigkeit. Jeder «Sodale» muss eine Lebensweihe auf die Gottesmutter Maria ablegen. Von 1751 an wurden auch Frauenkongregationen eingerichtet, die jedoch bis heute unter männlicher Leitung blieben.

Das Jesuskind im Herzen. Kolorierter Holzschnitt von Peter de Wale aus dem 15. Jahrhundert

Mädchen insofern zukunftsweisend, als Pater Jambrekovic laufend über die Missionstätigkeit der Jesuiten berichtete und die religiöse Neugierde seiner Schützlinge weckte. Es ist kein Zufall, dass sich Agnes Gonxha bald einem stark von jesuitischer Spiritualität geprägten Frauenorden zuwenden und ihr ganzes Leben lang Jesuitenpatres als Beichtväter und geistliche Berater suchen sollte.

Die Frage, wie religiöses und soziales Engagement sinnvoll zu vereinbaren sei, war zu dieser Zeit schon ständiges Thema zwischen Pater Jambrekovic und seinen Schülerinnen. Später äußerte Mutter Teresa, dass sie ab einem Alter von zwölf Jahren eine starke religiöse und soziale Neigung verspürt habe, aber noch nicht den Wunsch hatte, Nonne zu werden: *Im Jahr 1922 erkannte ich zum ersten Mal, dass ich eine Berufung für die Armen hatte. Ich wollte Missionarin sein, ich wollte in die Welt ziehen und das Leben Christi den Menschen in den Missionsländern weitergeben. Am Anfang, zwischen zwölf und achtzehn, wollte ich noch keine Schwester werden. Wir waren ja eine glückliche Familie!*[12]

Schon zu dieser Zeit pflegte sie das regelmäßige Rosenkranzgebet und eine ausgeprägte Herz-Jesu-Verehrung: *Von Kindheit an war das Herz Jesu meine erste Liebe!*[13] Je älter sie wurde, desto stärker wurde ihr Wunsch, aus der engen Welt Skopjes aufzubrechen und sich einem Orden anzuschließen, in dem sie ihre Zukunftspläne, Missionsschwester zu werden, verwirklichen konnte.

Die «Herz-Jesu-Verehrung» ist ein Ausdruck katholischer Volksfrömmigkeit. Das durchbohrte Herz des Gekreuzigten wird dabei als Quelle des eucharistischen Sakraments betrachtet und verehrt. Ausgehend von den mystischen Visionen einer Mechthild von Magdeburg (1207 – 1282) und eines Heinrich Seuse (1295 – 1366), hat vor allem die französische Nonne Marguerite-Marie Alacoque um 1675 mit Herz-Jesu-Visionen von sich reden gemacht. Die Verbreitung dieser Verehrung ist vor allem den Jesuiten und den von ihnen geleiteten Volksmissionen zu verdanken. Nachdem Papst Pius IX. 1856 das Hochfest «Heiliges Herz Jesu» eingeführt hatte, erfuhr die eucharistische Herz-Jesu-Frömmigkeit bis in das 20. Jahrhundert hinein eine wachsende Beliebtheit. Die Kirche Sacré-Cœur in Paris ist Ausdruck dieser – besonders bei Nichtkatholiken umstrittenen – Spiritualitätsform.

Gegen den anfänglichen Widerstand der Mutter verließ Agnes Gonxha im Alter von achtzehn Jahren ihre Familie, um Nonne zu werden.

Auf den Spuren
der «Kleinen Thérèse»
Erste Erfahrungen
mit dem Ordensleben

Am 12. Oktober 1928 trat die achtzehnjährige Agnes Gonxha in die Loreto-Abtei von Rathfarnham bei Dublin als Postulantin – also als Aufnahmebewerberin – ein. Wochen des tränenreichen Abschieds von Familie und Freunden lagen hinter ihr, ebenso eine unendlich lange Bahnfahrt durch halb Europa. Zusammen mit einem gleichgesinnten Mädchen aus Skopje hatte sie sich auf den Weg gemacht. Die Jesuiten hatten ihnen den Orden der Mary Ward empfohlen, da sie nur auf diesem Weg eine Missionstätigkeit in Indien würden ausüben können. Agnes' eigenen Angaben zufolge hatte sich die Mutter nach und nach mit diesem Schritt ausgesöhnt und ihr zum Abschied gesagt: *Leg deine Hand in Seine Hand, und geh alleine mit Ihm. Geh voran, denn wenn du zurückschaust, wirst du zurückgehen.*[14] Und tatsächlich sollte der Abschied von der Heimat ein Abschied für immer werden. Das spätere kommunistische Regime unter Enver Hoxha verbot der streitbaren Kirchenfrau die Rückkehr. Dazu trug auch bei, dass sich Agnes' Bruder Lazar während des Zweiten Weltkriegs nach Italien abgesetzt hatte und in Albanien in Abwesenheit zum Tode verurteilt worden war. Mutter und Tochter sahen einander nie mehr wieder.

Die herzliche Aufnahme, die man Agnes in Irland bereitete, ließen sie die Mühen ihrer Reise und des Abschieds von der Heimat bald vergessen. Die Abtei Rathfarnham war eine lebendige, nichtklausurierte Gemeinschaft aus Loreto-Schwestern und Jugendlichen, in der Agnes Gonxha bald ihr Heimweh vergaß und fleißig Englisch zu lernen begann. Bereits im November 1928, sechs Wochen nach ihrer Ankunft in Irland, bat die frischgebackene Schwester Maria Teresa – Agnes wollte nach ihrem Vorbild, der heiligen Thérèse von Lisieux, benannt

Die junge
Agnes Gonxha
Bojaxhiu

werden – die Oberin, als Missionsschwester nach Indien gehen zu dürfen: *An Sprachen beherrsche ich Albanisch als meine Muttersprache, sowie Serbisch; ich kann ein wenig Französisch, Englisch spreche ich überhaupt nicht, doch ich hoffe auf Gott, dass Er mir dabei helfen wird, das Wenige zu lernen, das ich brauche. Besondere Voraussetzungen bringe ich keine mit, ich möchte einfach nur in der Mission tätig sein, und für alles Weitere stelle ich mich vollständig Gott zur Verfügung.*[15]

So kurz die Zeit in der Abtei Rathfarnham bei Dublin auch

Die heilige Thérèse von Lisieux als Novizin im Alter von sechzehn Jahren, 1889

war, Mutter Teresa erzählte danach doch immer wieder von diesen ersten Gehversuchen als Ordensschwester. Die enge Bindung an das Jesuitentum, an Begriffe wie «Dienst für die Seelen» und «Gefährtenschaft Jesu», wie Ignatius von Loyola sie als Ordensziel formulierte, lernte sie hier kennen. Sie blieben für sie zeitlebens bedeutsame spirituelle Begriffe. Tatsächlich hatte sich schon Mary Ward, die englische Ordensgründerin des «Institutum Beatae Mariae Virginis», 1609 stark an die

Thérèse Martin wurde 1873 in Alençon in Frankreich geboren und wurde bereits mit fünfzehn Jahren Nonne im Karmelitinnen-Kloster in Lisieux. In der strengen Klausur dieses Klosters lebte sie ein unauffälliges und frommes Leben und schrieb auf Anordnung ihrer Priorin ihre Meditationen über die Gotteskindschaft («Geschichte einer Seele»). 1897 starb sie, erst vierundzwanzigjährig, nach langer Agonie und vielen Glaubenszweifeln an Tuberkulose. Bald darauf verbreitete sich ihr Ruf als wundertätige Heilige. 1925 wurde sie von Papst Pius XI. heiliggesprochen und zur Patronin der Mission erklärt. 1997 ernannte sie Papst Johannes Paul II. zur Kirchenlehrerin.

Ordensregel der Jesuiten und an die ignatianische Spiritualität angelehnt. Der Versuch, die-se Ordensregel im Vatikan bestätigen zu lassen, war zwar zunächst gescheitert und Mary Ward aus Rom vertrieben worden. Dennoch konnten sich die Nonnen durchsetzen und wurden bald als «Englische Fräulein», manchmal spöttisch auch als «Jesuitinnen» bezeichnet. Eine Untergruppe nannte sich «Loreto-Schwestern». So etwa die «Sisters of the Blessed Virgin Mary», die 1822 eben im irischen Rathfarnham von Frances Ball gegründet wurden und heute etwa 1000 Mitglieder in aller Welt zählen.

Im Gegensatz zu anderen Religionen (z. B. Judentum) hat sich das Christentum von Beginn an als missionarische Religion verstanden. Man berief sich vor allem auf Mk 16,15 f.: «Geht hinaus in alle Welt und verkündet der ganzen Schöpfung das Evangelium. Wer glaubt und sich taufen lässt, wird gerettet werden. Wer aber nicht glaubt, wird verurteilt werden.» Die Verbreitung des christlichen Glaubens («Evangelisation») wurde vor allem durch die Entsendung von Missionaren, später auch durch Missionarinnen erreicht. War in früheren Jahrhunderten die Mission eine eurozentrische, oftmals mit politischen Absichten verflochtene Einbahnstraße, so werden missionarische Projekte heute eher als partnerschaftlich und humanitär verstanden. Die Jesuiten betrieben bereits im 16. Jahrhundert Missionsstationen in Indien.

«Christi kleine glückliche Braut»
Erste Schritte in Indien

Am 1. Dezember 1928 stach das Schiff mit den Schwestern von Dublin nach Indien in See. Fünf ganze Wochen brauchte man damals, um die halbe Welt zu umrunden und schließlich im Hafen von Bombay (heute offiziell: Mumbai) zu landen. Wochen voller Heimweh, Einsamkeit und Seekrankheit. Aber auch Wochen des Gebets und der Meditation. In ihr Reisetagebuch schrieb Agnes Gonxha, die frischgebackene Schwester Maria Teresa: *Ich verlasse meine geliebte Heimat / Und mein geliebtes Land. / Ich fahre ins heiße Benga-*

Das Gateway to India im Hafen von Bombay, nach 1924

Darjeeling in den Vorbergen des Himalaja, um 1900

len / An ein weit entferntes Ufer. […] Unerschrocken auf dem Deck / Steht mit freudigem und friedlichen Antlitz / Christi kleine glückliche Braut. / In ihrer Hand hält sie ein eisernes Kreuz / An dem der Erlöser hängt. / Und ihre eifrige Seele bietet / ihr schmerzvolles Opfer an.[16]

Über Bombay führte die beschwerliche Reise nach Kalkutta (heute offiziell: Kolkata), von wo sie nach einem kurzen Aufenthalt in die Ordensniederlassung Darjeeling weiterreiste. Darjeeling, rund 500 Kilometer nördlich von Kalkutta vor den schneebedeckten Bergen des Himalaja gelegen, war damals ein populärer Sommerkurort der indischen und englischen Oberschicht. Hier konnte man dem mörderisch heißen Klima des Ganges-Tals entkommen, von hier aus führte eine Karawanenstraße über abenteuerliche Gebirgspässe nach Tibet. Für die englische und indische Oberschicht hatte der Loreto-Orden hier seine katholische Schule gegründet. Am 23. Mai 1929 wurde Teresa formell als Novizin des Ordens aufgenommen.

Mutter Teresa als Loreto-Schwester an der ordenseigenen
Schule St. Mary's Bengali Medium in Kalkutta, 1930er Jahre

In den wenigen Wochen ihres Aufenthalts hatte sie sich bereits Grundkenntnisse in den Sprachen Bengali und Hindi angeeignet. Da sich im Konvent mehrere Nonnen namens Teresa befanden, nannte man sie daher von nun an «die bengalische Terese». Nach wenigen Wochen kehrte Schwester Maria Teresa nach Kalkutta zurück, wo sie an der ordenseigenen Schule St. Mary's Bengali Medium als Lehrerin für Ethik, Geschichte und Geographie zu arbeiten begann. Das Institut St. Mary's gehörte zur Loreto-Schule Entally, die ebenfalls auf demselben Grundstück lag. Hier legte die junge europäische Ordensfrau 1931 ihre «Ersten Gelübde», 1937 ihre «Ewigen Gelübde» ab. Im gleichen Jahr wurde sie Rektorin ihrer Schule. Mit den «Ewigen Gelübden» war aus der «bengalischen Terese» die «Mutter Teresa» geworden, eine ordensübliche Namensgebung. Einem Freund schrieb sie damals: *Wenn du wüsstest, wie glücklich ich bin als kleine Braut Jesu. Ich bin und könnte auf niemanden neidisch sein, nicht einmal auf jene, die in scheinbar vollkommenem Glück in der Welt leben, einfach, weil ich selbst mein vollkommenes Glück genieße, auch wenn ich für meinen geliebten Bräutigam etwas erleide.*[17]

In diesem Brief klingen schon zwei Grundthemen an, die Mutter Teresas Leben prägen sollten: Glück und Leid, Erfüllung und Depression. Das Glück, sich als Braut, ja als Geliebte Jesu fühlen zu dürfen – und das gleichzeitige Leiden an dieser mystischen, oftmals einseitig erfahrenen Beziehung. Das Glück, Seelen für Jesus retten zu dürfen – und doch die tagtägliche und bedrückende Begegnung mit dem Elend der Armen. Die junge Mutter Teresa war in hohem Maß idealistisch, vielleicht auch romantisch, aber sie war nicht blind. Die sozialen Missstände in Kalkutta waren ihr von Beginn an bewusst. Ihre Schule empfand sie als Insel der Seligen. Ursprünglich als Schule für Waisenkinder errichtet, war sie jetzt eine elitäre Bildungseinrichtung für Schülerinnen privilegierter Kasten und Schichten geworden. «Eine Oase gepflegter smaragdgrüner Rasen und hübsch uniformierter Kinder!»[18], urteilte eine Mitschwester. Eine Oase der Ruhe und des Gebets, aber eine Oase umgeben von Slums, heruntergekommenen Fabriken, Müllhalden und stinkenden Gerbervierteln. Draußen vor der Pforte war das Elend für Mutter Teresa unübersehbar: *Diese armen menschlichen Wesen, die immer in den Fängen der Armut bleiben müssen! Die für einige wenige Brotkrümel in den Müllbergen mit den Straßenkötern kämpfen müssen! Die zitternd vor Kälte und Hunger sterben müssen, weil sie nichts zum Anziehen und Essen haben! Die durch eine unentdeckte Tuberkulose unter nicht enden wollenden*

Hustenanfällen leiden, Blut spucken und schließlich tot umfallen! Die aufgrund aller möglichen Arten des Raubes, der Erniedrigung und Krankheit schließlich im Straßengraben sterben müssen wie verstoßene Tiere! Die wie ein schmutziges Bündel Kleider auf dem Fußweg liegen, nur noch auf ihren Tod warten und dabei von Ameisen, Maden und Ratten umgeben sind, die sie bei lebendigem Leib fressen![19]

Um die Frage, ob Mutter Teresa tatsächlich schon zu Internatszeiten dem Slum vor ihrer Haustür viel Aufmerksamkeit schenkte, ist in der Folge eine Auseinandersetzung entbrannt. Eine Reihe von Biographen ist dieser Meinung. Der Jesuitenpater Julien Henry – vorübergehend enger Vertrauter Mutter Teresas – bestritt dies später. Seiner Darstellung zufolge habe Mutter Teresa zu diesem Zeitpunkt noch kaum Interesse am Leben in den Slums gezeigt und sich auch den Hilfsaktionen seiner «Marianischen Mädchenkongregation Entally» nicht angeschlossen.[20]

Zwischen Freiheit und Bürgerkrieg
Die politische Lage in Kalkutta

Kalkutta, jahrzehntelang alleiniger Wirkungsort Mutter Teresas, war seit jeher Spiegelbild und Brennpunkt indischer Geschichte. Ende des 17. Jahrhunderts als Siedlung dem Dschungel abgerungen, hatte sie sich im 19. Jahrhundert zu einer reichen Stadt mit Palästen, Brunnen und breiten Chausseen entwickelt. Berühmte Familien lebten hier, wie die Tagores, denen der Dichter Rabindranath Tagore entstammte. Kalkutta wurde indische Hauptstadt und Zentrum der Intellektuellen. Lange kämpfte die Stadt gegen den sozialen Niedergang. Obwohl 1911 die Briten ihre Hauptstadt von Kalkutta nach Neu-

Kalkutta, Old Court Street im britischen Regierungsviertel, um 1880

Delhi verlegt hatten, war die Hafenstadt weiterhin eine wichtige und brodelnde Metropole geblieben. Man war stolz auf die Bedeutung, die die Stadt für die indische Geschichte gespielt hatte. So zählte Kalkutta neben Madras und Bombay zu den wichtigsten Stützpunkten der Engländer. Ab 1756 hatten sie von hier aus immer weitere Teile Indiens erobert und den bisherigen Einfluss Portugals, der Niederlande und Frankreichs zurückgedrängt. Einen Aufstand der nordindischen Bevölkerung schlugen sie 1857 blutig nieder. Indien wurde unter die direkte Kontrolle Großbritanniens gestellt, von 1877 bis 1947 trug jeder britische Monarch den Titel «Emperor of India», «Kaiser von Indien». Auch die Ursprünge der Unabhängigkeitsbewegung und des «Indischen Nationalkongresses» waren eng mit Kalkuttas Geschichte verbunden. Zwar war der Kongress 1885 in Bombay gegründet worden, doch wurden die Diskussionen um Indiens Zukunft im ethnisch-religiösen «Schmelztiegel» Kalkutta besonders heftig geführt. So bestand der Nationalkongress vorwiegend aus Hindus und Parsen. Die Muslime hingegen – die erst 1906 eine eigene Interessenvertretung, die Muslimliga, gründeten – fürchteten, unter einer Regierung aus diesen Gruppen in die Defensive gedrängt zu werden. Sie forderten daher zunächst nicht die Unabhängigkeit Indiens, sondern lediglich mehr politische Mitspracherechte. Erst als die Briten sich 1919 an der gewaltsamen Aufteilung des Osmanischen Reiches beteiligten, schlossen sich auch sie der indischen Unabhängigkeitsbewegung an.

Die politischen, religiösen und ethnischen Konflikte in Kalkutta standen zwar nicht im Zentrum der Aufmerksamkeit der jungen und frommen Nonne Mutter Teresa, doch waren sie auch für sie allgegenwärtig. Immer deutlicher zeigten sich die Vorboten der großen «Bengalischen Hungersnot», einer Lebensmittelknappheit, der 1942 und 1943 zwei bis vier Millionen Inder zum Opfer fallen sollten. Schwarzhandel, Landverkauf und Kriminalität blühten, und an den wenigen Suppenküchen Kalkuttas prügelten sich die Menschen. Tausende starben auf den Straßen.

Bei genauerem Hinsehen hatte auch diese humanitäre Katastrophe eher ökonomische als natürliche Ursachen. 1942 hatte die kaiserliche Armee Japans die asiatische Kornkammer Burma besetzt. Um die britische Besatzungsmacht zu schwächen, vernichteten die Japaner weite Teile der Reisfelder Burmas und unterbanden Lebensmitteltransporte nach Indien. Um die restlichen Ressourcen entbrannte ein heftiger Verteilungskampf. Indische Bauern und Großhändler horteten die verbliebenen Lebensmittel, um Spekulationsgewinne zu erzielen. Die Versuche der indischen Zentralregierung, Reis aus anderen Teilen des Landes und aus dem Ausland nach Bengalen zu schaffen, wurden häufig boykottiert.

Neben den ökonomischen Engpässen waren es auch die militärischen Operationen des Zweiten Weltkriegs, die das Gesicht Kalkuttas nachhaltig veränderten. Wichtige militärische Kommandozentralen wurden von Delhi abgezogen und in die strategisch günstigere Hafenstadt verlegt. Viele Gebäude, darunter auch Mutter Teresas Loreto-Kloster in Entally, wurden vom Militär beschlagnahmt und geräumt. Die St. Mary's School wurde von 1942 an als Militärkrankenhaus genutzt und die Schule in ein Gebäude an der Convent Road Nr. 15 verlegt. Da viele Schwestern Kalkutta verlassen hatten, lag die Hauptlast der Verantwortung für die Schülerinnen nun bei Mutter Teresa. Eine ehemalige Schülerin erinnerte sich: «Während des gesamten Zweiten Weltkriegs gab es in den Klassen vier bis zehn keinen Lehrer. Mutter fasste alle Kleinen zusammen und beschäftigte uns, damit wir unsere Angst vergessen und überwinden konnten.»[21] 1944 wurde Mutter Teresa zur Schulleiterin der Schule St. Mary's ernannt, auch zur Leiterin des Instituts der Töchter der heiligen Anna, einer bengalischen Loreto-Untergliederung.

Das Ende des Zweiten Weltkriegs brachte Indien zwar die politische Unabhängigkeit, aber noch lange nicht ein Ende der religiös-ethnischen Konflikte und des sozialen Elends. Der weitgehend gewaltfreie Widerstand gegen die britische Kolonialherrschaft vor allem unter Mahatma Gandhi und

Während der Kämpfe zwischen Hindus und Muslimen patrouillieren britische Truppen durch Kalkutta, August 1946

Jawaharlal Nehru führte 1947 schließlich zur Unabhängigkeit, im August 1946 aber auch zu unfassbar gewalttätigen Ausschreitungen zwischen Hindus und Muslimen. Diese Exzesse erschütterten das Selbstverständnis des jungen Landes nachhaltig. Eines Landes, das doch eigentlich an eine lange Tradition religiöser Konflikte gewohnt war. Seit vielen Jahrhunderten mussten sich in Indien die großen Religionen ihre irdischen und geistlichen Einflusssphären teilen. Hinduismus, Buddhismus, Jainismus und Sikhismus entstanden hier, Einwanderer brachten den Islam, das Christentum, den Parsismus und das Judentum ins Land. Phasen toleranten Nebeneinanders wechselten immer wieder mit hasserfüllten Konfrontationen. Jetzt, nach Ende des Zweiten Weltkriegs, war an ein friedliches Zusammenleben der Religionen innerhalb ein und desselben Staates nicht mehr zu denken. Die weichende Kolonialmacht England verfügte deshalb die Teilung des indischen Subkontinents in die säkulare «Indische Union» und in die kleinere «Islamische Republik Pakistan». Die Briten erfüllten damit die seit den 1930er Jahren bestehenden Forderungen der Muslimliga und ihres Führers Ali Jinnah nach einem eigenen muslimischen Nationalstaat. Auch die beiden Provinzen Punjab und Bengalen wurden geteilt. Diese politische Entscheidung provozierte die vermutlich größte und folgenschwerste Vertreibung und Fluchtbewegung der Weltgeschichte. Etwa zehn Millionen Hindus und Sikhs wurden aus Pakistan vertrieben, etwa sieben Millionen Muslime aus Indien. Mehr als eine Million Menschen starben bei Massakern, durch Verelendung und Hungersnöte.

Unter den Gewaltexzessen hatte besonders Kalkutta zu leiden. Im März 1946 waren drei Kabinettsmitglieder der englischen Labour-Regierung nach Delhi gereist, um eine Einigung zwischen dem Nationalkongress und der Muslimliga zu erreichen, freilich vergebens. In der Folge beauftragte der Vizekönig von Indien, Lord Louis Mountbatten, den Inder Jawaharlal Nehru als Führer der stärksten Partei mit der Bildung einer Regierung.

Zwar richteten sich die Aufstände der Muslime vornehmlich gegen die britischen Besatzer, doch brachten sie, wie am 16. August 1946, dem «Direct Action Day», besonders den Hindus Tod und Zerstörung.

Muslime drängen im September 1947 auf einen Zug Richtung Pakistan.

Aus Protest rief die Muslimliga zu Gegendemonstrationen auf, die am 16. August in einem «Direct Action Day» gipfelten. In mehreren Städten, vor allem aber in Kalkutta, eskalierte mit Billigung der bengalischen Regierung die Lage dergestalt, dass es zu einem Massaker kam, das über 5000 Hindus das Leben kostete und Zehntausende aus der Stadt trieb. Ebenso gewalttätig waren die Racheakte fanatisierter Hindus an den Muslimen.

In dieser Situation, als Kalkuttas Straßen von Flüchtlingen und Terroropfern überflutet wurden und überall Slums und Elendsquartiere entstanden, begann Mutter Teresa, soziale Aktionsgruppen zu gründen. Sie wurde vor allem von ihren eigenen Schülerinnen unterstützt, von denen nicht wenige Mutter Teresas geistlichem Weg folgen sollten. An den «Tag des großen Tötens», den 16. August 1946, erinnerte sich Mutter Teresa später: *Ich verließ St. Mary's, Entally. Ich hatte dreihundert Mädchen im Internat und wir hatten nichts zu essen. Wir durften nicht auf die Straße hinausgehen, doch ich ging trotzdem. Dann sah ich die Leichen in den Straßen, erstochen, erschlagen; sie lagen dort in seltsamen Positionen, in ihrem getrockneten Blut. Wir waren hinter unseren sicheren Mauern gewesen. Wir wussten, dass es Unruhen gegeben hatte. Über unsere Mauern waren Leute gesprungen, zuerst ein Hindu, dann ein Moslem. […] Wir nahmen jeden auf und halfen ihm, sicher zu entkommen. Erst als ich auf die Straße ging, sah ich den Tod, der sie verfolgte. Ein Lastwagen, voller Soldaten, hielt mich an, und man sagte mir, dass ich nicht auf der Straße sein sollte. Niemand sollte draußen sein, sagten sie. Ich erzählte ihnen, dass ich unbedingt hinausgehen und das Risiko auf mich nehmen musste; ich hätte dreihundert Schülerinnen, die nichts zu essen hatten. Die Soldaten hatten Reis und fuhren mich zurück zur Schule, wo sie Reissäcke abluden.*[22]

Unmittelbar nach Bekanntwerden des Massakers beschloss Mahatma Gandhi, in die Krisenregion zu reisen und für ein friedliches Zusammenleben einzutreten. Mit einem Dolmetscher zog er von Dorf zu Dorf, konnte sich aber kaum Gehör verschaffen: «Wir scheinen jede Vernunft begraben zu haben. Vernunft verlangt nach Mut. Was hier passiert, hat nichts mit Tapferkeit zu tun. Es ist die blanke Negation der Menschlichkeit. Wir haben uns nahezu in Bestien verwandelt!»[23] Kurz darauf kehrte Gandhi nach Delhi zurück und traf mit Lord

Mohandas Karamchand Gandhi, genannt Mahatma, um 1946

Mountbatten zusammen, der die Teilung des Landes vorbereitete. Gandhi und Nehru waren gegen diesen Schritt, mussten sich aber angesichts der dramatischen Ereignisse fügen. Am 15. August 1947 wurde Indien in die Freiheit entlassen, aber auch in die politische Teilung des Landes. Gandhi selbst blieb den Feierlichkeiten zur Unabhängigkeit fern und verbrachte den Tag allein und mit strengem Fasten.

In den Tagen darauf eskalierte die Lage in Kalkutta erneut, und Gandhi kehrte in die Stadt zurück. Er überredete den muslimischen Ministerpräsidenten, mit ihm in die gefährlichsten Stadtviertel zu gehen und auf die verfeindeten Volksgruppen beruhigend einzuwirken. Als auch dies nichts fruchtete, griff Gandhi zu seiner stärksten moralischen Waffe, zu einem unbeschränkten und damit lebensbedrohlichen Fasten. Noch einmal schien sein Vorgehen erfolgreich zu sein: Selbst die radikalsten Führer der feindlichen Parteien wollten den Tod des greisen Gandhi nicht verantworten und versicherten ihm schriftlich, für Frieden sorgen zu wollen. Für eine Weile beruhigte sich tatsächlich die Lage.

Dennoch waren die Tage von Gandhis Autorität in Kalkutta und anderswo gezählt. Seine verzweifelten Aufrufe, den Frieden zu bewahren, machten ihn bei beiden Konfliktparteien unbeliebt. Die Muslime sahen in ihm nicht mehr den neutralen Vermittler, und radikalnationalistische Hindugruppen bezichtigen ihn ihrerseits des Verrats an ihrer Religion. Schon Anfang Januar 1948 war eine Bombe während eines Gebetstreffens Gandhis detoniert. Am 30. Januar wurde er von einem hinduistischen Extremisten namens Nathuram Godse inmitten einer Menge von 500 Anhängern mit drei Pistolenschüssen ermordet. 2,5 Millionen Menschen versammelten sich tags darauf, um die sterblichen Überreste des von vielen als heilig verehrten alten Mannes am Ufer des Yamuna zu verbrennen. Den gewollten politischen Effekt hatte der Mord an Gandhi allerdings nicht: Der radikale Hindu-Nationalismus war über Jahrzehnte diskreditiert, die junge, säkulare Republik Indien hingegen war geboren.

«Bei Strafe einer Todsünde ...»
Mutter Teresas Privatgelübde
von 1942

Bis vor kurzem gingen alle Biographen davon aus, dass die eigentliche geistliche Erweckung Mutter Teresas am 10. September 1946 stattfand, als sie im Zug von Kalkutta nach Darjeeling saß und über die Evangelienstelle Mt 25,31 f. («Herr, wann haben wir dich hungrig und nackt gesehen?») meditierte. Sie selbst hat diesen Tag immer als «Stunde null» ihrer Berufung beschrieben und ihn als wichtigsten Tag ihres Lebens (*Inspiration Day*) gefeiert. Seit im Zuge des Prozesses ihrer Seligsprechung viele ihrer privaten Schriften bekannt wurden, weiß man aber, dass dieser Erweckungsszene von 1946 nicht nur ein langes inneres Ringen voranging, sondern bereits im April 1942 ein Privatgelübde von besonderer Radikalität. Mutter Teresa beschrieb diesen Vorgang so: *Ich legte ein Gelübde ab, das mich bei Strafe einer Todsünde verpflichtet, Gott alles zu geben, was Er verlangen sollte.*[24] Sie wollte, fügte sie hinzu, *den Kelch bis auf den letzten Tropfen austrinken und Gott ohne Vorbehalt etwas sehr Schönes geben*[25].

Niemand außer ihrem Beichtvater wusste davon, sie selbst hat zu Lebzeiten niemals öffentlich über dieses Gelübde gesprochen. Es war eines der größten Geheimnisse ihres Lebens. Nur nachträglich können wir spätere Briefstellen vor dem Hintergrund ihres Gelübdes interpretieren, etwa wenn sie schreibt: *Weshalb müssen wir uns selbst ganz Gott geben? Weil Sich Gott Selbst uns ganz gegeben hat. Wenn Gott, der uns nichts schuldig ist, dazu bereit ist, uns nichts weniger als Sich Selbst zu geben, wie können wir dann darauf nur mit einem Bruchteil von uns antworten? Uns selbst ganz Gott zu geben ist ein Weg, um Gott selbst zu empfangen. Ich für Gott und Gott für mich. Um Gott zu besitzen, müssen wir ihm erlauben, unsere Seele in Besitz zu nehmen.*[26]

Privatgelübde, also individuelle Bindungen zwischen einem Gläubigen und seinem Gott, sind in der Geschichte der Religionen nicht selten. Man verlobt sich mit einer persönlichen Radikalität, die das Maß eines normalen Ordensgelübdes weit übersteigt. Der Schritt Mutter Teresas war sicherlich individuell und ernsthaft, aber er hatte – teilweise fast wortwörtliche – Vorbilder. Der irische Jesuit William Doyle hatte 1911 geschworen: «Ich gelobe freiwillig und verpflichte mich unter Todsünde, Jesus kein Opfer zu verweigern, bei dem ich erkenne, dass Er es von mir verlangt!»[27] Und auch die heilige Thérèse von Lisieux wird Pate gestanden haben. In ihrer von Papst Pius XI. verfassten Heiligsprechungsurkunde stand: «Inspiriert vom Heiligen Geist verlangte sie danach, ein ganz heiliges Leben zu führen, und versprach aufrichtig, dass sie Gott nichts verweigern würde, worum auch immer Er sie bitten würde. Ein Beschluss, den sie bis zu ihrem Tod zu halten sich bemühte.»[28]

Eine andere kulturelle Wurzel von Mutter Teresas Gelübde ist in der archaischen albanischen Tradition der «Besa» zu finden. Eine «Besa» ist ein heiliges Ehrenwort, das man unter allen Umständen zu halten hat. Eine «Besa» darf nicht gebrochen werden, auch wenn man dabei das eigene Leben verlieren sollte. Mutter Teresa kannte diese Tradition und beschrieb sie folgendermaßen: *Die Albaner haben ein Wort, die «Besa». Selbst wenn Sie meinen Vater getötet haben und die Polizei hinter Ihnen her ist, ich Ihnen aber mein Wort gegeben habe, Sie nicht zu verraten – werde ich Ihren Namen nicht preisgeben, selbst wenn die Polizei mich töten würde!*[29]

Versprechen und Tod, Gelübde und Todsünde, die Parallelität dieser Begriffspaare ist offenkundig. Mutter Teresa jedenfalls war sich ihrer bewusst, als sie schrieb: *Ich legte ein Gelübde ab, das mich bei Strafe einer Todsünde verpflichtet, Gott alles zu geben, was Er verlangen sollte.*[30] Mit dem Begriff der «Todsünde» («peccatum mortiferum»), gelegentlich auch «himmelschreiende Sünde» genannt, bezeichnet die Kirche nicht etwa «lässliche Laster» wie Feigheit, Selbstsucht oder Unmäßigkeit, sondern ausschließlich schwerste Verbrechen wie Mord,

Ehebruch und Glaubensabfall. Diese bewusste Abkehr von Gott trägt den geistlichen Tod in sich («mortiferum»), in der theologischen Sprache der Zeit Mutter Teresas: die ewige Höllenstrafe. Wenn Mutter Teresa also bereits 1942 bewusst die Formulierung *bei Strafe der Todsünde* wählt, führt sie vor allem sich selbst die radikale Ernsthaftigkeit ihrer Zukunftspläne vor Augen. Der Grund zu dem Entschluss, nicht das gesamte geistliche Leben als Schulschwester im Loreto-Orden verbringen zu wollen, dürfte daher schon mit dem Gelübde von 1942 gelegt worden sein.

Vielleicht war das Gelübde von 1942 auch Ausgangspunkt für Mutter Teresa, noch genauer nach den Wünschen zu forschen, die Jesus ihr vortragen wollte. *Bitte Jesus darum, mir nichts zu erlauben, ihm irgendetwas abzuschlagen, und sei es noch so gering. Lieber sterbe ich!*[31], so schrieb sie einem geistlichen Begleiter. Vielleicht war das Gelübde also der Ausgangspunkt ihrer innigen Jesus-Beziehung, dem sie als mystischem Geliebten nichts abschlagen wollte und konnte.

Das Gelübde Mutter Teresas ist nicht in der beschaulichen Ruhe ihrer Studierstube entstanden, sondern unter dem tagtäglichen Eindruck einer gewaltigen Menschheitskatastrophe. Ihre ungeheure Willenskraft, Unbedingtheit und Opferbereitschaft liegen in dem Gelübde begründet, freilich auch ihre bisweilen schroffe Ungeduld und ihr Drang, Dinge, die ihr wichtig erschienen, sofort anzupacken. Ihrem Erzbischof, Ferdinand Périer, erklärte sie im Jahr 1959 ihre notorische Ungeduld: *Noch nie habe ich Euer Exzellenz den Grund dafür genannt, warum ich immer sofort handeln möchte. 1942 legte ich, mit Erlaubnis meines Beichtvaters, Gott gegenüber ein Gelübde ab, durch das ich unter Todsünde verpflichtet wurde, Gott alles zu geben, was er verlangte.*[32]

Im September 1942 erkrankte Mutter Teresa so schwer, dass nach Aussagen von Zeitzeuginnen kaum noch Hoffnung bestand.[33] Doch ihre zähe Konstitution und der Glaube an ihr Gelübde ließen sie überleben. Nach wenigen Wochen übernahm sie ein größeres Arbeitspensum als je zuvor, denn die

Umstände begannen sich auch für die Schule dramatisch zu verschlechtern. Als auch für die Schwestern und Schülerinnen die Lebensmittel zu Ende gingen, machte sich Mutter Teresa selbst auf den Weg, um für ihre Schützlinge zu betteln. Eine ehemalige Schülerin erinnert sich: «Eines Tages gab es nichts mehr zu essen. Um acht Uhr morgens sagte Mutter zu uns: Kinder, ich gehe jetzt los. Ihr bleibt in der Kapelle und betet. Um 16 Uhr war das Lagerhaus mit ganz verschiedenen Gemüsesorten gefüllt. Wir wollten unseren Augen nicht trauen.»[34] Es kann kein Zweifel bestehen, dass das Privatgelübde von 1942 Mutter Teresas Glauben an die Vorsehung bis zu ihrem Tod bestimmte und prägte.

Die «Berufung in der Berufung»
Mystische Visionen und Auditionen

Am 10. September 1946 saß die nunmehr 36 Jahre alte Ordensfrau und Schulleiterin in einem Eisenbahnwaggon dritter Klasse des Zuges von Kalkutta nach Darjeeling, um in der dortigen Ordensniederlassung an «Ignatianischen Exerzitien» teilzunehmen. Reisen dieser Art waren für die Loreto-Schwestern von Kalkutta keine Seltenheit. Wie alle Ordensleute, so durften auch sie in regelmäßigen Abständen solche Retraiten zur geistlichen und körperlichen Erholung wahrnehmen. Die lange Strecke bis in die Ausläufer des Himalaja war Mutter Teresa bekannt, die Reiseumstände in der dritten Klasse sicher nicht erfreulich. Nach eigenen Angaben verbrachte sie einen Großteil der Zeit mit dem Beten des Rosenkranzes und dem Lesen in der Heiligen Schrift. Als sie im 25. Kapitel des Matthäus-Evangeliums angekommen war, geschah das, was diesen Tag zum wichtigsten in ihrem Leben, zum *Inspiration Day,* machen sollte: *Ich spürte, wie sich die heiligen Worte bis in die hintersten Nischen meines Herzens bohrten, und das auf eine Weise, wie ich sie nie zuvor erfahren hatte.* [35]

Welche Botschaft steht in diesem Abschnitt des Evangeliums zu lesen, die die stets nüchtern und pragmatisch auftretende Ordensfrau bis an das Ende ihres Lebens erschüttern sollte? Es waren die Worte Jesu: «Nehmt zum Erbe das Königtum, das euch bereitet ist, seit Urbeginn der Welt. Denn hungrig war ich, und ihr habt mir zu essen gegeben. Durstig war ich, und ihr habt mich getränkt. Fremdling war ich, und ihr habt mich aufgenommen. Nackt, und ihr habt mich gewandet. Krank war ich, und ihr habt nach mir gesehen!»

Diese eindrucksvolle Predigt Jesu hat tatsächlich eine nachhaltige Wirkungsgeschichte erfahren. Franz von Assisi und Albert Schweitzer soll sie zu einem radikalen Umbruch ihres Lebenswandels inspiriert haben, Lew Tolstoj immerhin

Das Gebet von S. Damiano (Die Berufung des heiligen Franziskus). Fresko von Giotto di Bondone in der Oberkirche von S. Francesco in Assisi, um 1295

zu einer Kurzgeschichte. Und auch Mutter Teresa konnte sich ihrer Forderung nicht entziehen: *Genau an diesem Tag im Jahr 1946 schenkte mir Gott im Zug nach Darjeeling die «Berufung in der Berufung», um das Dürsten Jesu zu stillen, indem ich Ihm in den Ärmsten der Armen dienen sollte.*[36]

Mutter Teresa stellte sich mit ihren Erlebnissen in eine lange mystische Tradition in- und außerhalb der Kirche. Unter «Visionen» (lat. videre: sehen) und «Auditionen» (lat. audire: hören) wird im religiösen Zusammenhang das sinnliche Erleben von metaphysischen Ereignissen verstanden. Der betroffene Mensch deutet die ihm unerklärlichen, oftmals erschütternden und verstörenden Vorgänge als konkrete Begegnung mit dem Übernatürlichen. Er hört und sieht Personen, die ihm eine religiöse Botschaft überbringen wollen, zum Beispiel Jesus, aber auch Engel, Heilige oder verstorbene Bezugspersonen. Visionen oder Auditionen können im Wachzustand oder auch im Traum empfangen werden. Menschen mit solchen Erlebnissen werden auch als «Seher» bezeichnet. Im indischen Hinduismus sind Visionen und Auditionen von großer Bedeutung. Der «Rishi» ist ein heiliger Seher und Yogi, dem göttliche Wahrheiten offenbart werden. Auch die biblische Geschichte (zum Beispiel das Buch Daniel oder die Offenbarung des Johannes) und die Kirchengeschichte (zum Beispiel Hildegard von Bingen) kennen übernatürliche Offenbarungen. Dennoch reagieren kirchliche Autoritäten in der Regel sehr zurückhaltend auf Berichte von christlichen Visionen und Auditionen. In der Psychologie hat sich vor allem C. G. Jung damit beschäftigt. Seiner Ansicht nach kann es sich bei vermeintlichen Visionen und Auditionen oftmals um einen Ausdruck des kollektiven Unbewussten handeln, die dem Betroffenen archetypische Bilder und Wünsche vermitteln.

Mutter Teresa hatte die Bibelstelle Mt 25,1 f., die seit jeher zum ständigen Lesungsprogramm liturgischer Feiern gehörte, auf dieser Reise sicher nicht das erste Mal gehört und gelesen. Und doch war sie dieses Mal im Innersten von ihr berührt und gefangen. Für sie, die bis dato keineswegs als besonders wundergläubig oder visionär galt, war der Anspruch dieser Erfahrung mehr als eine abstrakte ethische Forderung. Es war die Stimme Jesu selbst, die sie in dieser konkreten Situation wahrzunehmen glaubte. Und es war von nun an die Stimme ihres Geliebten, ihres Bräutigams, ihres himmlischen Hochzeiters. Eine mystische Liebesbeziehung, die sich in den folgenden Wochen noch bis zur Unerträglichkeit steigern sollte. *Siehst du nicht deinen geliebten Gemahl in jeder dieser unglücklichen Kreaturen?* So hörte Mutter Teresa ihren Geliebten sprechen. *Kannst du gar nichts für sie tun? In jedem dieser erbarmungswürdigen Menschen musst du deinen geliebten Jesus sehen!*[37] Die *Zweite Berufung*, der *Innere Ruf*, das bescheidene, aber sichere und angenehme Loreto-Kloster zu verlassen, um ins Ungewisse und Gefährliche zu gehen, war auch für Mutter Teresa alles andere als ein bequemer Weg. Deshalb suchte sie sich – den biblischen Propheten nicht unähnlich – erst einmal zu widersetzen: *Ich versuchte, unseren Herrn davon zu überzeugen, dass ich mich bemühen würde, eine sehr eifrige, heilige Loreto-Schwester zu werden, eine wahre Sühneseele hier in dieser Berufung. Doch seine Antwort darauf war sehr deutlich: «Ich möchte indische missionaries of charity, die mein Feuer der Liebe sein werden unter den ganz Armen, den Kranken, den Sterbenden, den kleinen Straßenkindern. [...] Es gibt Klöster mit Schwestern, die sich um die Reichen und Wohlhabenden kümmern, doch für meine ganz Armen gibt es absolut niemand. Nach ihnen sehne ich mich, sie liebe ich. Willst du mich zurückweisen?»*[38]

Das Dürsten Jesu am Kreuz ist das entscheidende mystische Bild, das Mutter Teresa von nun an bis in die Tiefe ihrer Seele erschütterte. Bis zum Ende ihres langen Lebens bestand sie darauf, dass ihr eigenes Streben und das Wirken der vielen Tausenden «Missionaries of Charity» allein darin bestand, das Dürsten Jesu Christi am Kreuz nach Liebe und nach Seelen zu stillen.[39]

Die nahezu körperlich erlebte Nähe ihres Geliebten war nicht auf diese eine Erfahrung im Zug nach Darjeeling beschränkt. Auch in den folgenden Tagen und Wochen während der «Ignatianischen Exerzitien» war sich Mutter Teresa sicher, die Stimme Jesu zu hören (Auditionen) und ihn gegenwärtig zu sehen (Visionen). Sie war sich in dieser Phase ihres Lebens absolut sicher, mit Jesus selbst Gespräche von großer Zärtlichkeit zu führen. Er sprach sie dabei – ihrer Wahrnehmung nach – auf Englisch an: *My own spouse!* (Meine Gattin) oder *My own little one* (Meine eigene Kleine). Flehentlich erschien ihr die Stimme, die wortwörtlich sagte: *Komm doch, trag mich in die Löcher der Armen. Komm, sei mein Licht!*[40] Und als sie zögerte, fragte er: *Willst du mich zurückweisen?*

Auditionen dieser Art sind in der Frömmigkeitsgeschichte der Religionen nie getrennt vom konkreten Lebensumfeld der

Betroffenen zu sehen. Sie gehen oftmals auf Wünsche und Gedanken ein, deren Grund im Inneren des Gläubigen bereits gelegt ist. Trotzdem gehen sie oft über eine normale Projektion hinaus, fordern den Betroffenen zu größerer Radikalität heraus, machen ihm Mut und zeigen ihm Wege auf, die ihm in seinem rationalen Denken verborgen geblieben wären. Diese Funktion hatte auch das spirituelle Erlebnis von Mutter Teresa, das sie als beginnenden Dialog mit ihrem Geliebten Jesus interpretierte. Sie hörte ihn dabei sprechen: *Meine kleine Braut – Meine eigene Kleine – Fürchte dich nicht – Ich werde immer bei dir sein – Du wirst leiden und du leidest jetzt – doch wenn du meine eigene liebe kleine Braut bist – die Braut des Gekreuzigten Jesus – wirst du die Qualen in deinem Herzen ertragen müssen – Lass mich handeln – Weise mich nicht zurück – Vertraue mir in Liebe – Vertraue mir blind. – Meine Kleine, gib mir Seelen – gib mir die Seelen der armen kleinen Straßenkinder – Wie es mich verletzt – wenn du nur wüsstest – diese armen Kinder mit Sünde beschmutzt zu sehen. Ich sehne mich nach der Reinheit ihrer Liebe.*[41]

Mutter Teresa hat ihre Visionen und Auditionen – nach eigenen Angaben – auf dem Weg zu «Ignatianischen Exerzitien» in Darjeeling empfangen. Auch während dieser spirituellen Übung hätten sich die Erscheinungen fortgesetzt. Die «Ignatianischen Exerzitien» führen auf das Erweckungserlebnis des Basken Ignatius von Loyola (1493 – 1556) zurück, auf das hin er seine Anhänger um sich scharte und schließlich den Jesuitenorden gründete. In dieser dreißigtägigen Übung mit Schriftlesung, Fasten, Schweigen und Gebet soll der Gläubige in eine intensive Zwiesprache mit Gott geführt und zu einem persönlich verantworteten Glauben angeleitet werden. Da sie die innere Unabhängigkeit des Individuums und die Freiheit seines Gewissens stärken sollten, wurden die Exerzitien von den amtskirchlichen Behörden oftmals beargwöhnt, manchmal auch verboten. Lange Zeit vergessen, wurden die «Ignatianischen Exerzitien» Anfang des 20. Jahrhunderts wiederentdeckt und von zahlreichen Ordensleuten, Priestern und Laien gepflegt. Sie gehörten auch zur üblichen spirituellen Übung der jesuitisch geprägten Loreto-Schwestern, denen Mutter Teresa im September 1946 noch angehörte.

Erst nach mehreren Tagen war die aufgewühlte Ordensfrau in der Lage, sich zu beruhigen. Während ihrer Exerzitien in Darjeeling verfasste sie einen Bericht darüber, *was zwischen Ihm und mir während der Tage vieler Gebete geschah*[42]. Sie nannte diese Notizen *Abschriften der Stimme*. Es ist verständlich, dass solche Ereignisse schon

Der heilige
Ignatius von Loyola.
Postumes Porträt
von Jacopino
del Conte, 1556

zu Lebzeiten Mutter Teresas Erstaunen und Unglauben wecken mussten, und so hielt sie diese Notizen für lange Zeit geheim. Erst in der Auseinandersetzung um ihre eigene Ordensgründung machte sie im Briefwechsel mit dem Erzbischof von Kalkutta von ihnen Gebrauch.

Datierbare und genau beschriebene Bekehrungserlebnisse kennen viele Religionen. Auch in der Geschichte des Christentums fühlten sich Menschen plötzlich und scheinbar unerklärlich aus ihrem gewohnten Alltag herausgerufen und zu einem neuen Leben ermutigt. Franz von Assisi hörte in der Portiuncola-Kirche die Worte: «Geht und verkündet: Das Himmelreich ist nahe. […] Nehmt keine Vorratstasche mit auf den Weg, kein zweites Hemd, keine Schuhe, keinen Wanderstab.» Augustinus wurde mit den berühmten Worten «Tolle, lege …» («Nimm und lies …») erwählt, und selbst ein Blaise Pascal berief sich sein Leben lang auf ein Bekehrungserlebnis in der Nacht des 23. November 1654: «Gott Abrahams, Gott Isaaks, Gott Jakobs, nicht der Philosophen und der Gelehrten. Gewissheit, Gewissheit. Freude, Freude, Freude, Tränen der Freude. Möge ich nie wieder von ihm geschieden sein!» Diese Worte notierte er auf einen Zettel, nähte ihn in das Futter seines Anzugs und trug ihn wie eine Reliquie bei sich.

Im Gegensatz zu vielen Berufungen, die Menschen aus einer glaubensfernen Umgebung herausrissen, lebte Mutter Teresa ja schon in einer Form, die sie – besonders nach ihrem Privatgelübde von 1942 – als Nachfolge Jesu Christi interpretierte. Sie nannte die neuerliche Anrufung also einen *Ruf innerhalb der Berufung*, eine zweite, intensivere und noch mehr fordernde Berufung. Wie Blaise Pascal schrieb auch sie die Worte ihrer Auditionen auf und wird wohl Tag für Tag über sie meditiert haben: *Meine Kleine – komm – komm doch – trag mich in die Löcher der Armen. – Komm, sei Mein Licht – Ich kann nicht alleine gehen – … sie kennen Mich nicht – daher wollen sie Mich nicht. Komm du – geh mitten unter sie, trage mich mit dir zu ihnen. – Wie Ich mich danach sehne, zu ihnen in ihre Löcher zu kommen – in ihre dunklen unglücklichen Häuser. Komm, sei ihr Sühneopfer – In deiner Hingabe – in deiner Liebe für Mich – werden sie Mich erkennen – Mich kennen lernen – Mich wollen. Bringe noch mehr Opfer dar – lächle noch freundlicher, bete inniger und alle Schwierigkeiten werden verschwinden.*[43]

«Sühneseelen für Indien»
Mutter Teresas Ringen um Glaubwürdigkeit

Nach ihrer Rückkehr aus Darjeeling nahm Mutter Teresa in Kalkutta umgehend Beratungen mit ihrer Oberin sowie mit dem Jesuitenpater und Islamexperten Céleste van Exem SJ auf, der seit 1944 ihr Beichtvater und Spiritual war. Zur großen Enttäuschung der aufgewühlten Ordensfrau reagierten beide zurückhaltend und skeptisch. Pater van Exem setzte sich zwar intensiv mit den Notizen auseinander, die Mutter Teresa während ihrer Exerzitien in Darjeeling niedergeschrieben hatte, legte ihr aber nahe, die Sache lieber auf sich beruhen zu lassen und Erzbischof Périer nicht damit zu behelligen.

Pater van Exem hat mich verwiesen. Obwohl er erkannte, dass es von Gott kam, verbot er mir, auch nur daran zu denken. Oft, sehr oft sogar, bat ich ihn [...] mit seiner Exzellenz reden zu dürfen, jedes Mal lehnte er es ab![44] Empörung und Zorn sprechen aus diesen Zeilen Mutter Teresas. Als Ordensfrau hatte sie ihren Vorgesetzten Gehorsam geschworen. Jetzt bahnte sich ein Konflikt zwischen dieser Verpflichtung und ihrer leidenschaftlichen Berufung an. Erst Monate später, im Januar 1947, konnte sie Pater van Exem dazu überreden, dem Erzbischof wenigstens einen Brief schreiben zu dürfen. Am 13. Januar 1947 verfasste sie einen mehrseitigen Text, in dem sie all ihre Gedanken und Pläne, ihre mystischen Erlebnisse und Erfahrungen der letzten Monate zu Papier brachte. So formulierte sie: *Im Lauf des Jahres sehnte ich mich sehr oft danach, alles für Jesus zu sein und andere Seelen – vor allem indische – dahin zu bringen, Ihn glühend zu lieben, mich absolut mit indischen Mädchen zu identifizieren und Ihn so zu lieben, wie Er noch niemals zuvor geliebt wurde.*[45]

Mit aller Bestimmtheit wollte Mutter Teresa den Eindruck vermeiden, dass ihr Anliegen Zeichen einer Entfremdung vom Loreto-Orden sein könnte: *Als Loreto-Schwester war ich sehr glücklich und bin es immer noch – das zu verlassen, was ich liebe, und mich neuen Anstrengungen und Leiden auszusetzen, die enorm sein werden, für so viele – vor allem für Ordensleute – zum Gelächter zu werden – bewusst harte Mühsalen eines indischen Lebens zu wählen – und an ihnen festzuhalten – in der Einsamkeit und Schmach – an der Ungewissheit – und all das, weil Jesus es will…*

Mutter Teresa zeichnete in ihrem Brief bereits ein sehr konkretes Bild ihrer zukünftigen Arbeit unter den Armen und von ihrer neuen Ordensgemeinschaft. Es zeigt, dass sie sich nicht mehr in der Phase mystischer Ergriffenheit befand, sondern in die sehr reale Planung eingetreten war: *In den Orden sollen Mädchen aus allen Nationen aufgenommen werden – doch sie müssen indisch-gesinnt werden – einfache Kleidung tragen. Ein langer, weißer, langärmeliger Habit, ein hellblauer Sari, und ein weißer Schleier, Sandalen – keine Strümpfe – ein Kruzifix – Gürtel und Rosenkranz […]. Sie sollen wirkliche Sühneseelen werden […] indische Sühneseelen für Indien.*

Schon in dieser Phase entwickelte Mutter Teresa ihr Armutsideal, das weit über das übliche Gelübde vergleichbarer Orden hinausgehen und die späteren «Missionaries of Charity» prägen sollte: *Wenn die Schwestern sehr arm sind, dann werden sie frei sein, um allein Gott zu lieben – allein ihm zu dienen – allein Sein zu sein.* Und, bei aller spirituellen Ergriffenheit, immer wieder bodenständig-praktische Überlegungen: *Um schnell und leicht voranzukommen, sollte jede Schwester Fahrradfahren lernen, manche sollten Busfahren lernen. Das ist zwar ein bisschen zu modern, doch Seelen sterben mangels Pflege – mangels Liebe!*

Nach der Hierarchie der katholischen Kirche, die Mutter Teresa ihr ganzes Leben lang nie in Frage stellte, kam ihrem direkten Vorgesetzten, dem Erzbischof von Kalkutta, eine wichtige Rolle in der Gründungsphase der «Missionaries of Charity» zu. Dr. Ferdinand Périer – wie Céleste van Exem Jesuitenpater – stammte aus Antwerpen in Belgien und war 1906 als junger Priester nach Indien gekommen. Er war es vor allem, der die jugoslawischen Jesuiten für die «Bengalen-Mission», wie man es damals nannte, gewinnen konnte und nach Indien geholt hatte. Der Erzbischof war aber auch ein vorsichtiger und zögerlicher Mann. Er war weder von Teresas mystischen Jesus-Erscheinungen noch von ihren Plänen, einen eigenen Orden zu gründen, überzeugt. Das ahnte sie wohl, als sie ihm schrieb: *Ein einziges Wort von Eurer Exzellenz genügt, dass ich nie mehr auch nur einen einzigen dieser seltsamen Gedanken betrachten werde, die ständig kommen.*

Der Erzbischof, dem das Anliegen der Nonne zunächst eher lästig zu sein schien, schrieb ihrem Spiritual, Pater van Exem: «Es ist zu gefährlich für eine europäische Nonne, in die Slums oder Straßen von Kalkutta hinunterzugehen und unter den Armen zu wirken!»[46] Oder auch: «Sie ist slawischer Abstammung, und somit fürchte ich, dass sie manchmal ein wenig übertreibt, vielleicht ein wenig nervös ist.»[47]

Mutter Teresa hingegen, die tatsächlich vor Ungeduld und Begeisterung brannte, ließ er schmoren. Er beantwortete ihre leidenschaftlichen Briefe nicht, ließ nur ausrichten, dass er Zeit und Gebet brauche, um sich näher mit der Sache befassen zu können.

In dieser Zeit trat ein Ereignis ein, das nicht nur Mutter Teresas Pläne einer Ordensgründung weit zurückwarf, sondern auch ihre Fähigkeit zur Demut einer ernsten Prüfung unterzog. Einigen Schwestern der Loreto-Gemeinschaft waren die häufigen und offenbar ungewöhnlich langen Beichtgespräche der jungen Schulrektorin mit ihrem geistlichen Vater Céleste van Exem aufgefallen. Schnell machten Gerüchte über eine angebliche Affäre zwischen den beiden die Runde: *Lieblose Andeutungen und Bemerkungen!*[48], wie Mutter Teresa im Januar 1948 notierte. Die Provinzialoberin wurde informiert, und sie ordnete kurzerhand die Versetzung Mutter Teresas nach Asansol an, eine Loreto-Gemeinschaft rund 200 Kilometer von Kalkutta entfernt. Mutter Teresa blieb nichts anderes übrig, als zu gehorchen. Diese demütigende Versetzung, aber auch das Schweigen des Erzbischofs bedeuteten für sie eine harte Bewährungsprobe und sinnlose Zeitverschwendung. Dass der Ruf Mutter Teresas innerhalb des Loreto-Ordens nicht gar so blendend war, wie spätere Hagiographen es hinstellen wollten, dass sie gelegentlich gar als naiv und ungebildet bezeichnet wurde, belegt auch ein Brief Erzbischof Périers an die Generaloberin des Ordens: «Ich bin mir bewusst, dass man Mutter Teresa nicht immer richtig verstanden hat, dass sie bei einigen Leuten nicht besonders hoch angesehen ist, vielleicht auch nicht günstig beurteilt wird, was hauptsächlich an ihrer frühen Erziehung liegen dürfte, die sich doch sehr von der Bildungssituation unterscheidet, wie man sie in anderen europäischen Ländern vorfindet!» [49]

Der Erzbischof hatte in der Tat eine Reihe von Bedenken gegenüber Mutter Teresa. Welche Motive leiteten diese seltsame Nonne? Wollte sie ihren Konvent bloß verlassen, weil sie sich wegen ihrer Versetzung gekränkt fühlte? Was war von ihren exaltierten Jesus-Erscheinungen zu halten? Diese Fragen besprach er nicht mit Mutter Teresa, sondern ausschließlich mit Pater van Exem. Von ihrem Beichtvater darüber informiert, schrieb Mutter Teresa aus Asansol einen zweiten Brief an den Erzbischof, ohne die Antwort auf den ersten abzuwarten: *Unser Herr hört nicht auf zu rufen. – Ich habe versucht, diese Gedanken zu töten – doch ohne Erfolg. Ich sehe nicht, was mein eigenes Selbst davon haben sollte. […] Nein, Eure Exzellenz, bitte verzeihen Sie, wenn ich dies sage – bei diesem Werk geht es um eine vollständige Hingabe von allem, was ich habe, und allem, was ich bin – absolut nichts von meinem Ich soll übrig bleiben!* [50]

Jetzt erst, am 19. Februar 1947, antwortete Ferdinand Périer erstmals persönlich in einem Brief und bat Mutter Teresa um Geduld: «Dies ist eine viel zu bedeutende Frage, die man nicht auf der Stelle oder innerhalb eines Tages oder eines Monats lösen oder bewerten kann. Es erfordert viel Gebet von Ihrer und auch meiner Seite, langes Nachdenken und viel Voraussicht, bevor wir uns unseres gegenwärtigen und zukünftigen Weges sicher sein können!» [51]

Immerhin versprach der Erzbischof, das Anliegen Mutter Teresas bei seinem baldigen Besuch in Rom den dortigen Autoritäten vorzulegen. Wenn Erzbischof Périer aber gehofft haben sollte, der Hinweis auf die bekanntermaßen langwierigen Entscheidungswege Roms würde Mutter Teresas Eifer bremsen, so hatte er sich getäuscht. Sie forderte ihn in einem weiteren, mehrseitigen Brief umgehend auf, mehr eigenen Eifer in die Sache zu legen, sie nicht einer untergeordneten Kurialbehörde zu überlassen, sondern den Heiligen Vater selbst zu einer raschen Entscheidung zu drängen. Mit unverhohlener Verstimmung antwortete Périer: «Ich bin weder für noch gegen Ihr Projekt, und als Erzbischof kann ich in diesem Stadium auch nur neutral zu ihm eingestellt sein. Es ist keine Frage meiner persönlichen Überzeugung, oder des Enthusiasmus oder der Gefühle, die mich dabei leiten. Die Frage ist zu wichtig für die Kirche, um alles sofort entscheiden zu können. Vielleicht braucht es Monate, vielleicht Jahre ...»[52]

Der Briefwechsel setzte sich fort, der Ton auf beiden Seiten verschärfte sich. Mutter Teresa scheute nicht davor zurück, die Vorsehung Gottes allein auf ihrer Seite zu wähnen: *Ich weiß, dass meine Oberen und alle anderen über mich lachen werden. Sie werden mich für einen Dummkopf halten, für stolz und verrückt usw. Doch was ist, wenn der liebe Gott gerade meinen Namen will? Ich bin Sein, Sein ganz allein. Alles andere interessiert mich nicht!*[53] Oder in einem anderen Schreiben: *Ich weiß nicht, was das Kirchenrecht in dieser Angelegenheit zu sagen hat – doch ich weiß, dass es Sich Unser Herr niemals gestatten wird, Sich von mir zu trennen. Und er wird auch niemandem erlauben, mich von Ihm trennen zu lassen!*[54]

Nach mehreren Monaten war der Erzbischof offenbar entnervt und weichgekocht. Knurrend versprach er, das Anliegen Mutter Teresas, einen eigenen Orden für die Armen zu gründen, dem Papst vorzutragen. Als Voraussetzung dafür forderte er eine umfangreiche Projektbeschreibung, die weniger auf mystischen Erlebnissen, sondern auf nüchternen Planungen basieren sollte. Er forderte Antwort auf folgende Fragen:

«1. Was wollen Sie genau und detailliert tun?
2. Welche Mittel wollen Sie dafür einsetzen?
3. Wie wollen Sie Ihre Leute ausbilden?
4. Welche Leute wollen Sie für Ihr Werk rekrutieren?
5. Wo soll das Zentrum Ihres Werks liegen?
6. Ist es nicht möglich, dieses Ziel auch mit einer bereits bestehenden Kongregation zu erreichen?

7. Wäre es nicht sinnvoller, eine Art Gemeinschaft oder Sodalität einzurichten?
8. Welche Erfolgsaussichten erwarten Sie sich?
9. Wovon sollen die Schwestern leben?»

Mutter Teresa, die systematische Entwürfe dieser Art nicht schätzte, gab trotzdem ihr Bestes und verfasste im Mai 1947 eine Art Gründungsdokument für ihr geplantes Projekt, dazu eine erste Fassung ihrer Ordensregeln. Beide übergab sie voller Zuversicht Pater van Exem zur kritischen Sichtung. Umso entsetzter war sie, als auch ihr Beichtvater sich von ihrem Projekt distanzierte. Er wies sie an, das ganze Unternehmen für alle Ewigkeit sein zu lassen, wenn er oder Exzellenz nicht von selbst darauf zurückkommen würden. In seinen späteren Erinnerungen erklärte er – zutreffend oder nicht –, er habe sie damit auf eine geistliche Probe stellen wollen: «Ich bestand auf ihren Gehorsam, auf freudigen, unverzüglichen, schlichten und blinden Gehorsam. Ich versicherte ihr, dass sie niemals einen Fehler machen könne, wenn sie gehorche.»[55] Mutter Teresa aber war verzweifelt: *Sein Sühneopfer im wahrsten Sinn des Wortes zu sein, tat ich mir selbst Gewalt an und bat Ihn, diese Gedanken nicht in mir hochkommen zu lassen, weil ich ja gehorchen wollte – und wie ein kleines Lamm gehorchte!*[56]

Im Juli 1947 wurde wenigstens ein Problem gelöst: Die Zeit der Verbannung war zu Ende, und Mutter Teresa durfte nach Kalkutta zurückkehren. Die Generaloberin des Ordens hatte eingegriffen: Sie hatte die bekannten Vorwürfe, die junge Lehrerin hätte eine Affäre mit ihrem Beichtvater gehabt, abermals geprüft und die Vermutung geäußert, «dass sich Mutter Provinzialoberin bei ihrer Einschätzung Mutter Teresas wohl geirrt hatte!»[57]. Mutter Teresa nahm ihre Lehrtätigkeit wieder auf und versuchte, ihre Pläne einer Ordensgründung möglichst vor den übrigen Schwestern zu verheimlichen. Schließlich wurde auch die Haltung ihrer Oberin und ihres Beichtvaters versöhnlicher und verständnisvoller. Pater Céleste, der ihr noch vor nicht allzu langer Zeit geraten hatte, «nicht an Stimmen oder übernatürliche Phänomene zu denken»[58], musste jetzt einräumen, dass bei Mutter Teresa «der Zustand der Ekstase sehr bald eintreten könne, da die Vereinigung mit Unserem Herrn kontinuierlich und so tief und heftig ist, dass der Zustand der Verzückung nicht mehr fern zu sein scheint!»[59]. Tatsächlich hatte die nunmehr Siebenunddreißigjährige in Asansol offenbar religiöse Ekstasen von nahezu erotischer Intensität erlebt: *Dort war es so, als ob Unser Herr Sich mir – ganz – hingäbe. Doch die Süße & der Trost & die Vereinigung dieser sechs Monate gingen leider viel zu schnell dahin!*[60]

Dass einem nüchternen Jesuiten wie Pater Céleste solche Äußerungen bald unheimlich wurden, ist nachvollziehbar. Noch 60 Jahre später meint der Teresa-Biograph und Postulator im Heiligsprechungsverfahren, Brian Kolodiejchuk, diese Äußerung Mutter Teresas mit folgendem Fußnotentext «erklären» zu müssen: «Im Rahmen des geistlichen Lebens handelt

Brian Kolodiejchuk, Biograph Mutter Teresas und Herausgeber der im Jahr 2007 im Droemer Verlag erschienenen privaten Notizen und vertraulichen Briefwechsel Mutter Teresas: «Komm, sei mein Licht. Die geheimen Aufzeichnungen der Heiligen von Kalkutta». Foto von 2007

es sich bei der Ekstase um ein mystisches Phänomen, bei der die Seele auf Gott oder einen religiösen Gegenstand fixiert ist und die normalen Sinneseindrücke unterbrochen sind; diese Erfahrung kann von intensiver Freude und von starken Visionen begleitet sein. Die Ekstase ist ganz charakteristisch für die Stufe der ‹Vereinigung› des spirituellen Lebens, bei der der davon Betroffene die Einigung mit Gott erlangt.» [61]

Wie dem auch sei, Erzbischof Périer gegenüber spielte Mutter Teresa die Bedeutung ihrer ekstatischen Visionen stets herunter, da sie seine Skepsis in diesen Dingen kannte: *Ich bin froh darüber, dass H. G. [Seine Exzellenz] an den «Stimmen und Visionen» nicht interessiert sind. Sie kamen ungefragt – und sind wieder verschwunden. Sie haben mein Leben nicht verändert. Sie haben mir dabei geholfen, mich vertrauensvoller zu verhalten, und sie haben mich näher zu Gott gebracht.* [62]

Die Frage nach den übernatürlichen Visionen und Auditionen Mutter Teresas ließ den Erzbischof stärker zögern als ihr geplanter Ordensaustritt. Erst ein Gutachten Pater van Exems, der nach und nach Mutter Teresas Verteidigung übernahm, konnte seine Bedenken zerstreuen. Dieser hatte geschrieben: «Bei der Untersuchung der ‹Stimmen› stieß ich auf nichts, was meinen Glauben beunruhigen hätte können. Ich bin davon überzeugt, dass sie von Gott kommen; es gibt absolut nichts, was mich daran zweifeln lassen könnte.» [63]

Jetzt, da auch Pater Céleste von der Integrität Mutter Teresas überzeugt war, legte auch Erzbischof Périer sein Misstrauen ab. Nach Rücksprache mit mehreren Theologen erteilte er ihr die Erlaubnis, den Loreto-Orden zu verlassen und ihr Ziel, einen Orden für die Armen zu gründen, weiterzuverfolgen. «Fangen Sie an!», so lauteten seine lange und schmerzlich erwarteten Worte, als er sie am 6. Januar 1948 nach einer heiligen Messe im Loreto-Konvent traf. Später gab er ihr noch einen grimmigen Ratschlag auf den Weg: «Versuchen Sie nicht, irgendetwas von Ihnen selbst bei alldem einzubringen. Sie sind nur Sein Werkzeug, weiter nichts!» [64]

«Mit dem Segen des Gehorsams»

Auf dem Weg zum eigenen Orden

Nun endlich war das zermürbende Warten für Mutter Teresa zu Ende, und sie konnte darangehen, konkrete Pläne zu schmieden. Über die Generaloberin der Loreto-Schwestern, Gertrude Kennedy, musste in Rom die Erlaubnis zum Verlassen des Ordens offiziell erwirkt werden. Als die römische Antwort auf sich warten ließ, griff Mutter Teresa wieder zur Feder und drängte den Erzbischof, sich um eine Beschleunigung des Verfahrens zu bemühen: *Eure Exzellenz, meinen Sie nicht, dass es Zeit für uns ist, einen weiteren feurigen Appell nach Rom zu senden? Jetzt sind es schon fast vier Monate her, seit Sie meinen Brief verschickten. Warum antworten die denn nicht?*[65]

Schließlich kam am 8. August 1948 die sehnlichst erwartete Antwort aus Rom mit der Erlaubnis für Mutter Teresa, den Loreto-Orden zu verlassen. Diesen Ort der Sicherheit und Gemeinschaft aufzugeben fiel ihr nun aber schwerer als gedacht: *Es war das Schwerste, was ich je getan hatte. Es war ein größeres Opfer, als meine Familie und mein Land zu verlassen, um Nonne zu werden.*[66] An Erzbischof Périer schrieb sie: *Alles ist sehr dunkel – viele Tränen – doch ich gehe aus freiem Willen mit dem Segen des Gehorsams. Bitte beten Sie für mich, dass ich den Mut haben werde, mein Opfer zu vollenden.*[67]

Ihr eigenes Leben als *Sühneopfer* darzubringen oder ihre Mitschwestern als Sühneseelen für Indien zu opfern ist wiederholter Sprachgebrauch bei Mutter Teresa. Sie bewegt sich dabei in traditionellen theologischen Denkschemata des 19. Jahrhunderts. Der Schöpfergott, so die Vorstellung, sei durch die Ursünde des Menschen beleidigt worden und müsse durch rituelle Handlungen, Beten, Fasten, sexuelle Enthaltsamkeit und barmherzige Werke versöhnt und besänftigt werden (Satisfaktionstheorie). Dieses archaische, im außerchristlichen

Raum entstandene Denkmuster beeinflusste die Autoren des Alten Testaments, aber auch die Theologie des Neuen Testaments. Der Tod Jesu wird darin als vollkommenes Sühneopfer interpretiert, in dem der gnädige Gott sich selbst mit den Menschen versöhnt («Gott versöhnte in Christus die Welt mit sich selbst», 2 Kor 5,19). Im Gefolge des Zweiten Vatikanischen Konzils wurden eine dezidierte Sühneopfer-Theologie und das ihm zugrundeliegende Bild eines rächenden, unversöhnlichen Gottes von vielen heutigen Theologen kritisiert.

Am 17. August 1948 – Indien war mittlerweile unabhängig geworden – verließ Mutter Teresa den Loreto-Orden, um allein ihre neue Berufung zu leben. Auch ihr Äußeres hatte sich verändert. Sie trug nicht mehr die traditionelle schwarze Tracht der Loreto-Schwestern, sondern einen weißen indischen Sari mit himmelblauer Borte, das zukünftige Gewand der «Missionaries of Charity». Sie begründete diesen Schritt mit der einfachen Frage: *Ist es nicht besser, die Kleidung der Armen zu tragen, wenn wir ihnen dienen wollen?*[68] Mutter Teresas Kleidung war tatsächlich die der indischen Armen. Ihrem Ideal folgend, hatte sie auch nur fünf Rupien eingesteckt, als sich die Klosterpforte von Entally endgültig hinter ihr schloss.

Als Erstes in ihrem neuen Leben musste sie sich fortbilden. Mutter Teresa war Lehrerin, aber weder Pflegerin noch Sozialarbeiterin. In der Krankenschwesternschule am «Hospital zur Heiligen Familie» in Patna am Ganges holte sie schnell und gründlich nach, was ihr fehlte: medizinische Grundlagen, Kenntnisse in Pflege, Hebammendienste, Unfallhilfe. Zurück in Kalkutta, musste sie sich um eine Unterkunft kümmern. Pater Céleste (der später die Verfassung ihrer neuen Gemeinschaft schreiben sollte) und Pater Julien Henry aus Teresas indischer Heimatpfarrei schlugen ihr vor, vorübergehend beim Orden der «Töchter von St. Anne» zu bleiben. Auch diese Ordensfrauen kleideten sich wie Inderinnen, nahmen einfache Nahrung zu sich, schliefen nachts zusammen in einem Saal, lebten und arbeiteten mit den Armen. Aber Mutter Teresa fürchtete, von einem bestehenden Ordenstyp zu stark beeinflusst zu werden.

Sie quartierte sich stattdessen bei den «Kleinen Schwestern der Armen» im St.-Josephs-Kloster ein, einer Gemeinschaft, die von der französischen Nonne Jeanne Jugan gegründet worden war. Die Schwestern lebten von Spenden und betreuten etwa 200 Alte und Arme im Heim St. Joseph. Hier war sie fürs Erste untergebracht und konnte damit beginnen, ihre eigenen Wege zu gehen. Am 21. Dezember 1948 wanderte Mutter Teresa als «Missionary of Charity» hinaus in den Slum Tiljala, eine der verrufensten Gegenden der Stadt: *Ich kann Jesus, der bitterlich weint und klagt, er habe Durst, auf jedem Pfad und in jedem Slum sehen und hören. Es ist derselbe Jesus, den ich im Allerheiligsten Sakrament sehe!*[69]

«Ich bin Inderin
und Indien ist mein Land»
Die «Missionaries of Charity» entstehen

Der Slum Motijhil lag rund um ein stinkendes, mit Bakterien verseuchtes Wasserloch. Er war nur einer von Hunderten von Slums, die die Behörden in der 15-Millionen-Metropole Kalkutta gezählt hatten. Alle Familien, die in Motijhil lebten, waren arbeitslos und verwahrlost. Die Kinder liefen nackt umher und lebten von dem, was sie im Müll fanden. Keines von ihnen ging in eine Schule. Jeder dritte Einwohner Kalkuttas lebte damals angeblich vom Müll. Mutter Teresa bettelte sich etwas Lebensmittel und Seifenstücke zusammen, setzte sich neben das Wasserloch und wartete. Nach und nach kamen einige der scheuen Kinder auf sie zu und ließen sich waschen und kämmen. Sie gewöhnten sich an die merkwürdige Nonne mit dem weißen Sari, die von nun an Tag für Tag kam und mit ihnen redete. Nach einigen Wochen konnte sogar so etwas wie Schulunterricht beginnen. Mutter Teresa kratzte dabei mit einem Stecken Buchstaben in den Lehm und brachte den Kindern das Alphabet bei. Für erbettelte fünf Rupien konnte sie einen alten Schuppen anmieten: Schulzimmer, Speiseraum, Gesundheitszentrum und Apotheke in einem. Mit den Kindern kamen die Mütter, dann auch die Väter, viele von ihnen ausgemergelt und todkrank. *Was für ein Schmutz und Elend, welche Armut und welches Leiden!*, erinnerte sich Mutter Teresa später. *Ich sprach sehr, sehr wenig, wusch nur einige Wunden und verband sie und gab manchen Leuten Medikamente. – Der alte Mann, der auf der Straße lag – nicht erwünscht – ganz allein nur, krank und im Sterben – ich gab ihm Carbasone und Wasser zu trinken, und der alte Mann war so merkwürdig dankbar.*[70]

Mutter Teresa versuchte, mit einfachen Mitteln möglichst vielen zu helfen. Unterstützt wurde sie dabei zunehmend von ihren Mitschwestern von St. Joseph und von ehemaligen Loreto-Schülerinnen. Das wiederum sahen die dortigen Oberinnen gar nicht gern – man fürchtete eine «Entwendung von Berufungen»[71] –, was Mutter Teresa zu der Bemerkung veranlasste: *Für Loreto bin ich wohl zu etwas ganz Schrecklichem geworden. Mutter Generaloberin befürchtet, dass ich eine große Gefahr für die Loreto-Schwestern sei.*[72]

Ganz unbegründet waren diese Befürchtungen der Loreto-Schwestern wohl nicht gewesen, tatsächlich war Mutter Teresa schon bald eine zierliche, kleine Bengalin nicht mehr von der Seite gewichen, die sie bereits in Entally unterrichtet hatte: Subhasini Das. Das schüchterne, aber eigensinnige Mädchen sollte bald schon als «Schwester Agnes» Mutter Teresa zur Seite stehen und Jahrzehnte später sogar ihre Nachfolge antreten. Aber bis dahin war es noch ein weiter Weg! Die nervenaufreibenden Auseinandersetzungen, aber auch die körperliche Überforderung blieben bei Mutter Teresa nicht ohne Wirkung. Immer wieder verließen sie ihre Kräfte. Angesichts der Hitze, der Armut und des stinkenden Schmutzes hockte sie sich in einen Hauseingang und gab sich ihren Tränen hin. Zeiten der Euphorie wechselten damals schon mit tiefster Depression. Sie schrieb in dieser Zeit: *Ich bin zu gar nichts zu gebrauchen. Zu gar nichts. Ich bin völlig nutzlos, wie ein Fass ohne Boden. Ich bin für nichts gut!*[73] Und doch war Mutter Teresa klar, dass sie sich aufrappeln musste. Dass sie erst am Beginn eines langen Weges stand. Mittlerweile sprach sie einigermaßen Bengali, lebte und arbeitete wie eine Inderin. Um ihre Solidarität mit diesem geschundenen Land auszudrücken, legte sie nun ihre alte Staatsbürgerschaft ab: *Ich bin eine Inderin und Indien ist mein Land!*[74]

So wohl sich Mutter Teresa in St. Joseph fühlte, so klar war ihr auch, dass sie die Gastfreundschaft der «Kleinen Schwestern» nicht auf Dauer beanspruchen konnte. Bis ihr Arme und Beine schmerzten, lief sie also in ihren wenigen freien Stunden durch die Gassen von Kalkutta, um eine bezahlbare Unterkunft für ihr Werk zu finden. Sie hatte auf ein leerstehendes Gebäude des Loreto-Ordens gehofft; dort gab man ihr freundlich, aber unmissverständlich zu verstehen, dass sie nicht mehr als Teil

Ordensgemeinschaften (lat. ordo: Ordnung, Stand) sind durch eine Ordensregel verfasste Lebensgemeinschaften von Männern und Frauen, die sich – im Gegensatz zu allein lebenden Eremiten – zu einem gemeinsamen religiösen Leben unter den «Evangelischen Räten» (Armut, Ehelosigkeit, Gehorsam) verpflichten. Bereits im 6. Jahrhundert entstanden die benediktinischen Gemeinschaften, im Mittelalter dann die Bettelorden (Mendikanten) der Franziskaner und Dominikaner. Als Instrument der Gegenreformation entstand im 16. Jahrhundert der Jesuitenorden. Neuere Ordensgemeinschaften werden oftmals als «Kongregationen» bezeichnet und müssen bei ihrer Gründung vom Papst anerkannt werden. Die «Missionaries of Charity» von Mutter Teresa haben aufgrund ihrer Ursprungsgeschichte jesuitische, aufgrund ihres Armutsideals franziskanische Wurzeln.

der Gemeinschaft betrachtet wurde. Kurz darauf kam es dennoch zu einer guten Lösung. Mutter Teresa hatte erfahren, dass ein wohlhabender Mann, Michael Gomez, die Auswanderung nach Pakistan plante und sein Haus in der Creek Lane verkaufen würde. Der Geschäftsmann war vom Charisma der kleinen ausländischen Nonne so berührt, dass er sich bereit erklärte, das Gebäude für einen Bruchteil seines Wertes an die Diözese Kalkutta zu verkaufen. Mit großer Freude bezog Mutter Teresa eine Etage des Hauses, und mit ihr kamen die ersten Schwestern in weißen Saris. Am 11. April 1951 begann die erste Schwesterngruppe mit ihrem Noviziat. Ursprünglich, im Oktober 1950, hatten sie sich mit Billigung von Papst Pius XII. «Carriers of Christ's Love in the Slums» genannt, jetzt wurden sie als «Missionaries of Charity» bekannt.

Die Ordensregel der «Missionaries»
Struktur und Anspruch

Einer Freundin in Europa schrieb Mutter Teresa im November 1949: *Es gibt so viel zu tun, zur Zeit sind wir fünf. Aber bitte Gott, dass sich mehr zusammenfinden und dass wir dann in der Lage sind, rund um Kalkutta einen Ring der Nächstenliebe aufzubauen.*[75] Mutter Teresa war nie eine Frau der exakt durchdachten Pläne, sondern der spontanen Hilfe. Mit all ihrer Kraft stürzte sie sich gleichzeitig in mehrere Projekte, ohne deren Verlauf genau zu bedenken. Unmittelbare Praxis, kein unnötiges Gerede – das war ihre Devise: *Wir brauchen Leute, die die Ärmel aufkrempeln und sich nicht zu schade sind, sich in der Gosse die Finger schmutzig zu machen, Lumpen von schwärenden Wunden zu reißen, Sterbende von Kot, Urin und Ungeziefer zu säubern, Leprakranke zu füttern und die Leichen von weggeworfenen Säuglingen aus Müllkästen zu holen. Wer sich das zutraut, ist bei mir immer willkommen!*[76]

Sich selbst schonte sie am allerwenigsten. So wurde ihr auch das Betteln für ihre Projekte zur zweiten Natur, zumal sie regelmäßige Zuschüsse der Behörden prinzipiell ablehnte. Zugute kam ihr, dass das Bitten um mildtätige Gaben in Indien eine lange Tradition besaß. Viele ehrwürdige Priester, Lehrer und Gurus bestritten auf diese Weise ihr Leben. Besonders zu Beginn ihres Wirkens unternahm Mutter Teresa regelrechte Betteltouren bei Händlern und Behörden, bei Apothekern und Ärzten. Michael Gomez, ihr freundlicher Hausbesitzer, erinnerte sich: «Einmal war sie wieder auf einer ihrer Betteltouren unterwegs. Sie war früh am Morgen, lange vor acht Uhr, losgezogen und kam gegen fünf Uhr nachmittags zurück. Ich war überrascht, sie auf der Ladefläche eines Lastwagens zu sehen, wo sie auf ein paar Säcken mit Reis und Mehl saß. Sie hatte seit dem Morgen nichts gegessen oder getrunken. Ich höre manchmal Kritik, Mutter würde ihre Arbeit nicht ordentlich organisieren, Briefe nicht beantworten, Spenden nicht sofort bescheinigen, und sie hätte wenig Geschäftssinn. Wenn man sie so kritisiert, muss ich immer daran denken, wie sie da auf diesen Säcken mit Mehl und Reis saß, um sicherzustellen, dass nichts gestohlen wurde und ihre Mädchen etwas zu essen hatten.»[77] Dass die Betteltouren Mutter Teresas nicht überall wohlwollend aufgenommen wurden, belegt freilich eine ihrer Tagebuchnotizen: *In Tiljala habe ich ein erstklassiges «gali» (Beschimpfung) abbekommen, aber der arme Mann war so beschämt über seine Worte, dass ich ihm schließlich vergeben habe.*[78]

Die Vorstellung, dass man selbst in Armut leben muss, um die Armen wirklich verstehen und ihnen nahe sein zu können, war für Mutter Teresa keine leere Floskel: *Wer niemals hungrig war, wird nie fähig sein, den Hunger der Armen zu verstehen.*[79] Sie schlief mit ihren Schwestern in einem großen Raum auf dünnen Matten, trank kaltes Wasser und aß mit ihnen das Essen der Armen: gesalzene rote Linsen (Dal) mit Reis. Das Essen sollte nur in der Gemeinschaft der Schwestern eingenommen werden, nicht außerhalb. Um die Armen, die gar nichts anbieten konnten, nicht zu verletzen, nahm man grundsätzlich von niemandem Essen oder auch nur Tee an.

Den elektrischen Ventilator, den jeder Inder, der es sich nur irgendwie leisten konnte, gegen die drückende Hitze benutzte, lehnte Mutter Teresa ein Leben lang ab. Eine Kiste diente ihr in dieser Zeit zugleich als Sitzbank und Schreibtisch. Ihre Korrespondenz führte sie meist nachts, wenn die anderen schliefen. Das einzige Telefon im Haus wurde nur bei besonderen Notfällen benutzt.

Um ihre Saris waschen zu können, musste jede Schwester mit ihrem Metalleimer kaltes Wasser aus dem Brunnen holen. Mutter Teresa rechtfertigte dies so: *Haben die Armen irgendeine Waschmaschine, um ihre Kleidung zu waschen? Nein. Aus diesem Grund wiesen wir mit Dank ein Angebot zurück, uns eine Waschmaschine zu schenken. Die Kleidungsstücke, die wir am vorherigen Tag getragen haben, waschen wir am Morgen. In keiner unserer Einrichtungen haben wir Hilfspersonal, wir sind unsere eigenen Diener.*[80]

Als Kapelle diente der Gemeinschaft ein karger Raum.

Man zog die Sandalen aus, wenn man ihn betrat, setzte sich auf Matten auf den Boden und gab sich religiösen Betrachtungen hin. Als Altar diente ein einfacher Tisch, auf dem eine Madonnenstatue stand. Die Blumen zu ihren Füßen waren der einzige Schmuck im Raum.

Trotz dieser asketischen Verhältnisse wuchs die kleine Gemeinschaft unentwegt. Aus Magdalene Gomez, einer früheren Schülerin, wurde Sr. Gertrude, die erste Ärztin der Gemeinschaft. Aus Agnes Vincent Sr. Florence. Unter den ersten zwölf Mitschwestern von Mutter Teresa waren zehn ehemalige Schülerinnen, viele aus gutsituierten oder reichen Familien. Jetzt lebten sie vom Betteln. Sie engagierten sich von Beginn an nicht nur in der Sozialarbeit, sondern für die Verbindung von Spiritualität und radikaler Diakonie: *Um diese Arbeit für längere Zeit aushalten zu können, braucht man eine größere Kraft, die einen unterstützt. Nur ein religiöses Leben kann diese Kraft geben.*[81] Grundlage dieser Synthese aus Frömmigkeit und Engagement war für Mutter Teresa stets das gemeinsame Gebet: *Die Messe ist die geistige Nahrung, die mich erhält. Ich könnte nicht einen einzigen Tag oder eine Stunde meines Lebens ohne sie sein. Im Abendmahl erkenne ich Christus in der Form des Brotes. In den Slums sehe ich Christus in der jammervollen Gestalt der Armen, in den zerstörten Körpern, in den Kindern, in den Sterbenden.*[82]

Glaubensstärke war für Mutter Teresa natürlich ein entscheidendes Kriterium bei der Aufnahme neuer Schwestern; fromm sein allein aber genügte ihr beileibe nicht: Physische und psychische Gesundheit war ebenso gefragt, Bereitschaft zum Lernen und Weiterbilden, Fröhlichkeit und ein gutes Auffassungsvermögen. Die Aufgabe der Novizenmeisterin übernahm sie zunächst selbst, um sie nach einigen Jahren ihrer rechten Hand, Sr. Agnes, zu übergeben. Die Novizinnen trugen übrigens den weißen Sari ohne blaue Borte. Das Jesuswort «Mich dürstet» wurde zum Leitbild der jungen Kongregation, es stand auf jedem Kruzifix der Schwestern und in jedem Zimmer des Hauses. Ab 1950 wollten immer mehr Kandidatinnen in den Orden eintreten, 1952 zählte man bereits 30 Mitglieder. Auch bei bescheidensten Ansprüchen war das Haus in

Das Kinder- und Armenheim «Bala Bhavan» der «Missionaries of Charity» in Kalkutta. Foto von 1990

der Creek Lane jetzt zu klein geworden. In der Circular Road 54a (heute Acharya J. C. Bose Road) fand sich eine neue Bleibe. Mit einem Darlehen des Erzbischofs gelang es, das ehemalige Haus des muslimischen Friedensrichters Mahbub Islam zu erwerben. In winzigen Raten zahlte Mutter Teresa diesen Kredit zurück. Unter dieser Adresse ist bis heute das Mutterhaus des Ordens zu finden.

Mach uns würdig, Herr, unseren Mitmenschen in der ganzen Welt zu dienen, die in Armut und Hunger leben und sterben. Gib ihnen durch unsere Hände heute ihr tägliches Brot, durch unsere verstehende Liebe Frieden und Freude.[83] Dieses Gebet Mutter Teresas wurde tagtäglich von den «Missionaries» gesprochen und ist damit praktisch zum Grundgesetz des Ordens geworden. Die Ordensregel, von Mutter Teresa zusammen mit ihrem Spiritual Céleste van Exem SJ verfasst, orientierte sich dazu an den bekannten «Evangelischen Räten» vieler anderer katholischer

Orden, ging aber auch über sie hinaus. Neben der Ehelosigkeit, der Armut und dem Gehorsam nahm Mutter Teresa ihren Novizinnen das Gelöbnis ab, allein den Armen zu dienen. Kein Mitglied des Ordens dürfe Geld für seine Arbeit annehmen und auch nicht für Reiche arbeiten. Der Gehorsam gegenüber der kirchlichen Obrigkeit stand für Mutter Teresa außerhalb jeder Diskussion. Die Obrigkeit repräsentierte den Willen Gottes, nur in der Selbstaufgabe des Individuums lag für sie der Schlüssel,

> Die drei «Evangelischen Räte» werden in der katholischen Kirche als Voraussetzung für ein Leben in Ordensgemeinschaften angesehen: Ehelosigkeit, Armut und Gehorsam. Unter Bezug auf Mt 19,12 wird zu einer zölibatären Lebensform, unter Bezug auf Mt 19,21 zu einem einfachen und besitzlosen Lebensstil verpflichtet. Gehorsam kann unter Verweis auf Mt 20,26 – je nach Interpretation – die Einordnung in die Gemeinschaft, aber auch die Unterwerfung unter den kirchlichen Oberen bedeuten. Der Begriff «evangelisch» nimmt in diesem Zusammenhang nicht Bezug auf die «evangelische Kirche», sondern auf das «Evangelium». Mutter Teresa erweiterte für ihren Orden die «Evangelischen Räte» um das Gelöbnis, ausschließlich den Armen zu dienen.

diesen zu erkennen. Mutter Teresa machte keinen Hehl daraus, dass dem Gelübde des Gehorsams alle anderen untergeordnet seien: *Der Gehorsam muss in seinen Motiven außergewöhnlich, in seiner Ausdehnung universell und in seiner Durchführung vollständig sein.*[84]

Die Annäherung von jungen Interessentinnen an den Orden erfolgte – damals wie heute – in mehreren Stufen. Zunächst soll die Kandidatin aus freien Stücken in das Mutterhaus kommen und sich vorstellen. Um das Leben in der Kongregation kennenzulernen, wird sie eingeladen, einige Tage oder Wochen zu bleiben. Wenn sie den Wunsch danach äußert, wird sie als «Aspirantin» für ein Jahr aufgenommen. Ihr Vorsatz, in den Orden einzutreten, wird in dieser Zeit intensiv geprüft. Wenn nötig, muss sie Englisch lernen, die gemeinsame Sprache der bald international ausgerichteten Kongregation. Im zweiten Jahr werden die Aspirantinnen zu «Postulantinnen». Sie erhalten eine Ausbildung in Armen-, Kranken- und Sterbendenpflege sowie eine intensive spirituelle Begleitung. Nach zwei Jahren Noviziat folgen eine Ausbildung in Theo-

Mutter Teresa spricht vor Novizinnen ihres Ordens «Missionaries of Charity», Ende der 1970er Jahre

logie und Kirchengeschichte, außerdem intimere Einblicke in die Struktur des Ordens. Nach den «Zeitlichen Gelübden» und fünf Jahren Arbeit als Jungschwester folgt das Tertiat. Die angehende Ordensschwester wird für drei Wochen nach Hause geschickt, um noch einmal mit ihrer Familie zu leben und Sicherheit für den folgenden Entschluss zu gewinnen. Wer dann freiwillig zurückkehrt, ist reif für die «Ewige Profess», das Versprechen, auf Dauer im Orden bleiben zu wollen. Als einziger persönlicher Besitz werden der neuen Schwester ein Rosenkranz, ein Kruzifix, ein Teller, ein Metalleimer, Unterwäsche, Sandalen und drei Saris überreicht. Im radikal asketischen Orden der «Missionaries» ist auch der Tagesablauf der Schwestern streng geregelt. Nach dem Aufstehen um 4.40 Uhr folgen Morgengebet und heilige Messe. Das Frühstück um 7.30 Uhr dauert fünfzehn Minuten: ein Glas Milch oder Tee, dazu fünf Kekse («Chapattis»). Dann machen sich die Schwestern, meist zu zweit, den Rosenkranz betend und zu Fuß, auf den Weg zu ihren Einsatzorten. Wenn möglich, sollte die karge Mittagsmahlzeit im Mutterhaus eingenommen werden. Eine halbe Stunde Ruhe und geistliche Lektüre, dann wird die Arbeit fortgesetzt. Nach der Rückkehr in den Konvent um 18 Uhr folgen Anbetung, Rosenkranz, Abendessen (Reis, rote Linsen und etwas Gemüse), dabei geistliche Lesung. Das generelle Schweigegebot wird dann für eine halbe Stunde unterbrochen, um sich auszutauschen. Nach einem gemeinsamen Gebet um 21.45 Uhr hat um 22 Uhr die Bettruhe einzutreten. Donnerstags haben die meisten Schwestern einen freien Tag, an ihm waschen und nähen sie ihre Kleidung. Einmal im Jahr machen sie darüber hinaus einen gemeinsamen Ausflug. Dann übernehmen die Novizinnen die Aufgaben der Schwestern.

Den Sterbenden und Ausgestoßenen begegnen

Der Tod auf den Straßen von Kalkutta war zu Zeiten Mutter Teresas allgegenwärtig. Wie im Mittelalter auch in Europa üblich, wurden Unheilbare in der Regel nicht mehr von Krankenhäusern oder Arztpraxen aufgenommen. Die Armen und Flüchtlinge starben an Meningitis, Cholera, Wundstarrkrampf, Tuberkulose, Lepra, Krebs oder einfach an Hunger. Schon auf ihren Wegen in die Slums von Motijhil war Mutter Teresa immer wieder den Sterbenden auf den Straßen begegnet. Sie waren nicht nur dem Tod geweiht, sondern auch Ausgestoßene der Gesellschaft: *Die schlimmste aller möglichen Krankheiten, die einen Menschen befallen können, ist das Gefühl, total nutzlos und unerwünscht zu sein!*[85]

Mutter Teresa war keine Phantastin. Sie wusste, dass sie gegen den massenhaften Tod auf den Straßen Kalkuttas kaum etwas Nennenswertes ausrichten konnte. Aber sie konnte dem Tod ein wenig von seinem Schrecken nehmen, dem Schrecken der Einsamkeit. Sie konnte den Sterbenden einen Teil ihrer zerstörten Würde zurückgeben. Bald ergab sich eine Zusammenarbeit mit dem «Champbell Hospital» (heute «Nilrathan-Sarkar-Hospital»). Auf Vermittlung ehemaliger Schülerinnen stellte auch die Loreto-Schule St. Mary's Räume für Apotheke und Behandlungszimmer zur Verfügung. Das alte Pilgerhospiz von Kalighat wurde 1951 Mutter Teresas erstes Sterbehaus, sie nannte es «Nirmal Hriday», was so viel wie «Unbeflecktes Herz» oder «Reines Herz» heißt. Für Mutter Teresa war das Sterbehaus stets die *Schatzkammer der Kongregation*. Anfänglich sammelten die Schwestern die Sterbenden in den Gassen auf, später wurden sie immer häufiger von städtischen Mitarbeitern gebracht. Die Verantwortlichen der Stadt waren mit der Zeit sensibler geworden, außerdem scheute man die Schlagzeilen der Weltpresse.

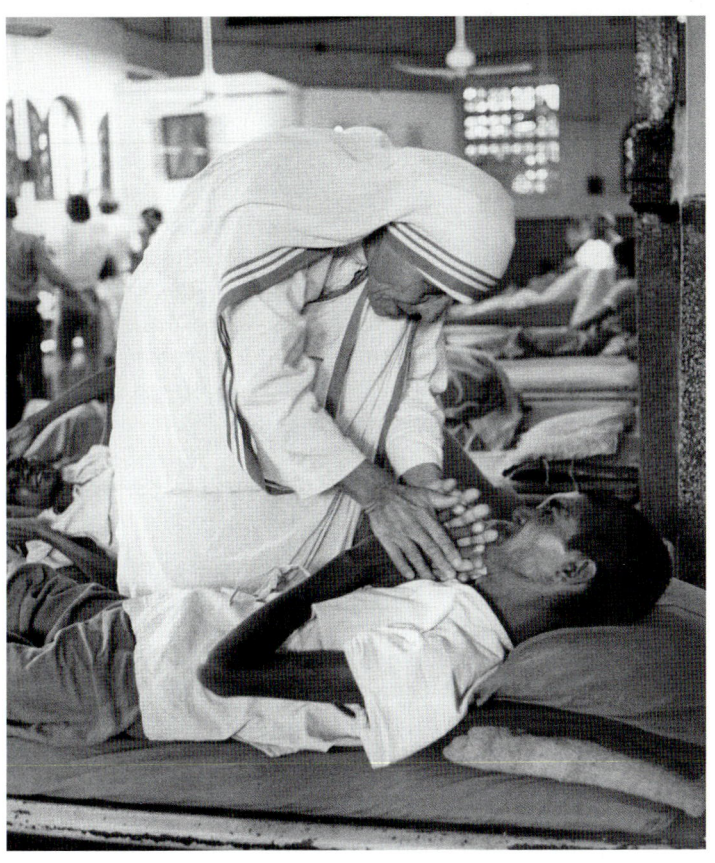

Mutter Teresa unterhält sich mit einem Kranken im Sterbehaus «Nirmal Hriday» in Kalkutta. Undatiertes Foto

Von Beginn an wurden männliche und weibliche Patienten in zwei getrennten Räumen untergebracht. Man legte sie auf Metallpritschen mit dünnen Matten. Laken und Decken gab es lange Zeit nicht, stattdessen waren die Matten mit Plastikfolie umwickelt. Jeder Sterbende bekam ein Kissen und ein Sterbehemd. Etwa die Hälfte der eingelieferten Patienten starb tatsächlich nach kurzer Zeit, eine Quote, die auch nach Ansicht des Ordens bei besserer medizinischer Versorgung hätte gesenkt werden können. So eng sie auch selbst dem römischen Katholizismus verbunden war, so sehr achtete Mutter Teresa die religiösen Empfindungen der Sterbenden. Hindus wurden mit dem heiligen Wasser des Ganges benetzt, Muslimen aus dem Koran vorgelesen und Christen die Krankensalbung gebracht. Mutter Teresa schrieb dazu: *Wir helfen den Armen, mit Gott zu sterben. Wir helfen ihnen, Gott um Vergebung zu bitten. Das ist eine Sache zwischen ihnen und Gott allein. Und sonst niemand. Keiner hat das Recht, hier dazwischenzutreten. Wir helfen ihnen nur, ihren Frieden mit Gott zu machen, weil das die größte Notwendigkeit ist: in Frieden mit Gott zu sterben. Wir leben, damit sie sterben können, damit sie heimgehen können, wie es für sie geschrieben steht, seien es nun Hindus, Moslems, Buddhisten, Christen oder welchen Glaubens auch immer.*[86]

Nach und nach beteiligte sich auch die Stadtverwaltung von Kalkutta an dem Unterhalt des Heims und schickte Krankenschwestern und Ärzte. Auch Erzbischof Périer besuchte 1952 «Nirmal Hriday» und schrieb in das Gästebuch: «Ich kann nicht verbergen, dass ich beim Anblick von so viel Elend tief beeindruckt und bewegt war. Aber auch die Großherzigkeit seitens Ihrer kleinen Truppe von Schwestern imponierte mir.»[87] Bis heute sollen nach Angaben des Ordens fast 70 000 Sterbende in den Heimen der Mutter Teresa betreut worden sein.[88]

Unter den vielen Krankheiten, mit denen sich Mutter Teresa und ihre Schwestern konfrontiert sahen, war Lepra die am meisten gefürchtete, weil sie in der Regel nicht nur Verstümmelung und Tod nach sich zog, sondern vor allem eine lebenslange Ächtung durch die indische Gesellschaft. Auch reiche und hochqualifizierte Menschen, die von dieser schrecklichen Krankheit befallen worden waren, wurden aus Betrieben und Familien verstoßen. Armut, Verhungern und Verfaulen bei lebendigem Leib war für viele die einzige Perspektive. Ihrem Erzbischof schrieb Mutter Teresa:

Die äußeren Umstände, unter denen die Leprafamilien leben, sind furchtbar. Ich möchte ihnen gerne bessere Unterkünfte geben, sie nah an das Heiligste Herz Jesu heben, sie wissen lassen, dass auch sie Gottes geliebte Kinder sind.[89]

Viele Ärzte und Kliniken weigerten sich, die Opfer der Lepra – deren Zahl im Millionenbereich lag – auch nur ambulant zu behandeln, obwohl es bereits erste medizinische Hilfsmöglichkeiten gab. Auch Mutter Teresa wusste, dass es sich bei Lepra nicht um ein unabwendbares Gottesurteil handelte, sondern dass man mit Hygienekampagnen und Medikamenten wirkungsvoll dagegen vorgehen konnte. Da sie nicht die Mittel für eine eigene Leprastation besaß, kam ihr die Idee einer mobilen Hilfe in den Sinn. Sie sprach mit einer Reihe von verständnisvollen Leuten darüber und hatte bald Erfolg. Dr. Sen, ein pensionierter Arzt, bot kostenlos seine Hilfe an, der niederländische Philips-Konzern spendete 10 000 Rupien, und aus den USA kam ein gebrauchter Krankenwagen, den der Erzbischof von Kalkutta im September 1957 feierlich ein-

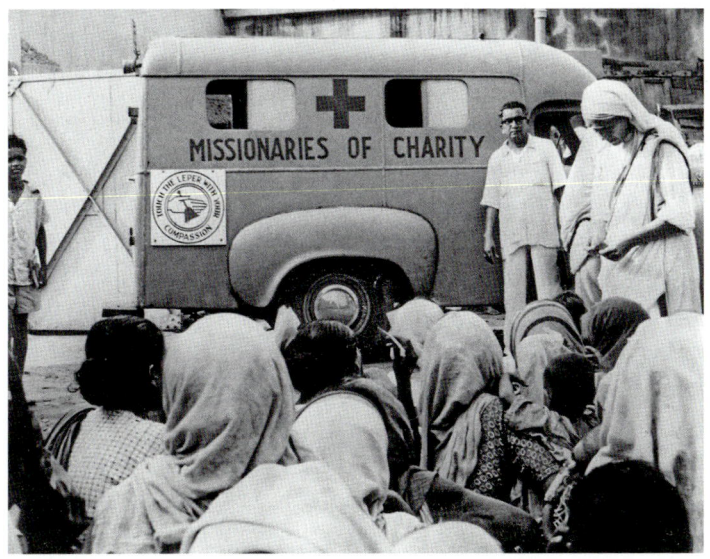

Mutter Teresa verteilt vor dem mit Hilfe von Spenden in den USA gebraucht gekauften Krankenwagen Essen an Arme in Kalkutta, um 1962

weihen konnte. Er wurde bald zur mobilen Gesundheits- und Sozialstation. Hunderte von Menschen sammelten sich um ihn, wenn er um die Ecke bog. Aus vielen Ländern der Erde wurden Medikamente geschickt, ärztliche Delegationen besuchten Mutter Teresa; 1964 kam sogar hoher Besuch aus Rom. Papst Paul VI. hatte in Bombay am Eucharistischen Kongress teilgenommen. Auch er hatte bereits von Mutter Teresas Werk gehört und ließ es sich nicht nehmen, sie mit seinem Dienstwagen, einem weißen Lincoln, zu besuchen. Als er ihre Arbeit sah, war er so berührt, dass er spontan den teuren Wagen Mutter Teresa schenken wollte. Diese lehnte zwar schmunzelnd ab, akzeptierte aber eine Versteigerung. Mit dem Erlös – einem Vielfachen des Wertes des Wagens – wurde ein weiterer Traum wahr: das Lepra-Gesundheitszentrum «Shanti Nagar» («Stadt des Friedens»).

Bis 1998 sind über 10 000 Patienten in «Shanti Nagar» erfolgreich operiert und behandelt worden, über 5000 Spezialschuhe wurden angepasst und 45 Sonderbehandlungen zur Wiederherstellung der Sprechfähigkeit der Patienten durchgeführt.

Eine ganze Reihe geheilter Leprapatienten wollte auf Dauer im «Shanti Nagar» bleiben. Sie widmeten sich Landwirtschaft, Gartenbau und Fischzucht und versorgten somit die Ordensgemeinschaft von Schwester Teresa mit Lebensmitteln. Wenngleich Lepra bis heute nicht ausgestorben ist, so hat diese heilbar gewordene Krankheit doch ihre apokalyptischen Schrecken verloren.

Neben den Alten und Sterbenden waren es von Anfang an die Kinder, die Mutter Teresa in ihr Herz geschlossen hatte. Zu Hunderten wurden sie auf den Straßen Kalkuttas ausgesetzt, oftmals krank oder behindert. An den Beginn ihres Engagements für diese besonders schutzlosen Geschöpfe erinnerte sich Mutter Teresa später: *Vor etwa 2000 Jahren ertönte eines Mitternachts im Dezember der durchdringende Schrei eines Neugeborenen aus einer Scheune in Bethlehem. Es war der Schrei des Kindes Jesus, des Erlösers der Welt. Wann immer der durchdringende Schrei*

Mutter Teresa mit Kindern in einem Slum von Kalkutta, Anfang der 1980er Jahre

eines ungewollten und verlassenen Babys mein Ohr erreicht, scheint es mir, als wäre derselbe Schrei der von Jesus. Aus diesem Grund wurde ein kleines Nazareth – oder «Nirmal Shishu Bhavan» – neben das Mutterhaus gebaut, und zwar am 23. September 1955.[90]

Die Existenz eines kleinen Kinderhauses sprach sich schnell herum. Wenigstens wurden jetzt viele Säuglinge nicht mehr in Mülltonnen oder Rinnsteine gelegt, sondern vor die Türschwelle des «Nirmal Shishu Bhavan». Viele Kleinkinder waren unterernährt, schwer krank oder dem Tode nah. Auch ledige Mütter kamen in das Zentrum, krank und suizidgefährdet. Ihre Familien hatten sie verstoßen. Viele von ihnen konnten wenigstens für einige Zeit im neuen Zentrum der Mutter Teresa aufgenommen werden. Ältere Kinder, vor allem Jungen, wurden in das Kinderzentrum «Bala Bhavan» gebracht, wo sie eine Schulausbildung oder eine Lehre absolvieren konnten.

In dem Maß, in dem die Aktivitäten Mutter Teresas auch in der weltweiten Öffentlichkeit wahrgenommen wurden, stieg die Zahl der Adoptionswünsche aus dem Ausland. Wurden diese Wünsche anfänglich zögernd und sehr zurückhaltend entgegengenommen, so führten die guten Erfahrungen und der bleibende Kontakt mit Adoptiveltern zu einer Ausweitung der Adoptionspraxis. Internationale Fluggesellschaften stifteten Flugtickets, sodass Schwestern ihre ehemaligen Schützlinge auch in anderen Ländern besuchen konnten. Bis 1997 sind in den Heimen Mutter Teresas rund 14 000 Kinder aufgezogen und rund 5000 zur Adoption freigegeben worden. Dass es dabei in einigen Fällen offenbar zu Unregelmäßigkeiten kam, ist von Kritikern immer wieder zum Anlass genommen worden, die Seriosität von Mutter Teresas Kinderheimen insgesamt in Frage zu stellen. Darauf wird im Kapitel «Kritik an Mutter Teresa» eingegangen.

«In mir ist solche Dunkelheit ...»
Der Schatten des Zweifels

Mutter Teresa war nun Ende 40. Sie war klein, zierlich, scharfsinnig, manchmal auch spitzzüngig, immer dachte sie pragmatisch. Noch war sie nicht die international berühmte Glaubensikone, aber bereits eine bekannte Ordensfrau. Ihre Finger waren schon etwas knotig, die verformten Füße steckten in einfachen Sandalen. In ihrem geflickten, aber stets sauberen Sari gehörte sie zum Stadtbild Kalkuttas, das sie seit Jahren nicht mehr verlassen hatte. Auch einige geistliche Marotten hatten sich eingestellt. So trug sie billige Medaillons der Muttergottes in ihrer Tasche und verteilte sie bei jeder Gelegenheit. Manchmal vergrub sie sie auch im Sand oder in der Erde, besonders wenn sie an dieser Stelle ein neues Zentrum errichten wollte. Jeden zweiten Satz beendete sie mit den Floskeln *Gott sei gedankt und gelobt* oder *Betet für mich!* Überhaupt sprach sie in einfachen Worten, zeitlebens blieb ihr das Englische innerlich fremd. Auch Mutter Teresas Theologie war kurz und schlicht: *Jesus ist der Bräutigam, Maria die Mutter: Ich spreche für Christus. Ohne ihn könnte ich gar nichts tun!*[91] Auch selbstgeschriebene Kärtchen verteilte sie gern. Auf ihnen stand: *Die Frucht der Stille ist das Gebet. Die Frucht des Gebets ist der Glaube. Die Frucht der Liebe ist der Dienst. Die Frucht des Dienstes ist Frieden. Mutter Teresa.*[92]

Aber trotz aller Zuversicht, Mutter Teresas äußerer und innerer Friede war stets gefährdet. Mit wachsendem Bekanntheitsgrad der «Missionaries of Charity» wuchsen auch die Widerstände. Vor allem die hinduistischen Nachbarn, die «Poojari», Priester der Göttin Kali, entwickelten Eifersucht und religiösen Fanatismus. Das Sterbehaus dieser landesfremden Nonnen sei doch eigentlich einst ein Pilgerhaus des Kali-Heiligtums gewesen, so kritisierte man. Was hat eine Christin

Die schwarze Göttin Kali. Gemälde im Kalighat-Stil. Kalkutta, 1845
Kali (Sanskrit = die Schwarze), die Göttin des Todes, aber auch
der Erneuerung, gehört zu den wichtigsten Gottheiten des
Hinduismus. Sie verkündet den Menschen unablässig ihre
Sterblichkeit, segnet sie aber auch und befreit sie aus dem
verhängnisvollen Kreislauf der Wiedergeburten (Sansara).
Ikonographisch wird sie oft als schwarze, tanzende Frau mit
mehreren Armen, einem dritten Auge und herausgestreckter
Zunge dargestellt. Ihre Attribute sind eine Halskette aus
Menschenschädeln, eine Sichel und eine Blutschale. Im Kalighat-
Heiligtum von Kalkutta, unweit des ersten Sterbehauses von
Mutter Teresa, wird von den Hindus bis heute eine schwarze,
wundertätige Statue verehrt.

an so einem exponierten Ort zu suchen? Werden dort nicht
heimlich christliche Mission und Proselytenmacherei betrieben? Tatsächlich war das Kali-Heiligtum von Kalkutta eine der
wichtigsten Pilgerstätten des bengalischen Hinduismus. Die
schwarze Steinskulptur verkörperte die Schutzgöttin der Stadt,
die ursprünglich «Kali Ghat», also «Ufertreppe der Kali», ge-

Der Haupttempel der Göttin Kali auf dem Gelände der hinduistischen Tempelanlage Dakshineshwar am Hugli, einem Nebenarm des Ganges, 2007

heißen hatte. Ein christliches Ordenshaus an dieser Stelle zu errichten konnte also durchaus als Provokation verstanden werden, so als würde man neben der Wallfahrtskapelle von Altötting einen hinduistischen Tempel planen. War diese prekäre Situation Mutter Teresa oder wenigstens dem erfahrenen Erzbischof Périer bewusst, als sie ihr Projekt gerade an diesem

Ort ansiedelten? Handelte man einfach unsensibel, oder nahm man bewusst die Provokation in Kauf?

Wie dem auch sei, die Lage eskalierte, als gewalttätige Jugendliche sich von den Mönchen aufstacheln ließen und eines Tages versuchten, «Nirmal Hriday» zu stürmen. Nur das mutige Eingreifen von Mutter Teresa selbst verhinderte Schlimmeres. Die kleine Frau hatte sich dem verdutzten Mob entgegengestellt und gerufen: *Wenn ihr mich umbringen wollt, dann tut das jetzt. Aber lasst meine Schwestern hier in Ruhe ihre Arbeit tun.* In ihr Tagebuch schrieb Mutter Teresa wenig später: *Schon wieder gibt es Ärger in Kalighat. Kaltblütig teilte man mir mit, ich müsse Gott dankbar sein, dass auf mich noch nicht geschossen oder dass ich noch nicht verprügelt worden sei, denn alle, die bisher hier gearbeitet haben, bekamen den Tod als Lohn. Ganz ruhig sagte ich zu ihnen, dass ich bereit sei, für Gott zu sterben. Harte Zeiten kommen auf uns zu.* [93]

Die äußeren Anfangsschwierigkeiten, der mühsame Beginn, sie waren nicht das Schlimmste, das Mutter Teresa auf ihrem geistlichen Weg zu bewältigen hatte. Ihrer scheinbaren Robustheit zum Trotz war sie schon seit der Gründung ihres Ordens immer wieder von Depressionen und Glaubenszweifeln geplagt worden. Bereits ihre frühesten Aufzeichnungen aus dem Jahr 1949 führen Buch über dieses Gefühl der Gottesferne, des Zweifels, der tiefen Depression, des *furchtbaren Gefühls der Verlorenheit*[94]. Im Jahr 1953 schrieb sie: *In mir ist eine solche Dunkelheit, als ob alles tot wäre. Dieser Zustand besteht mehr oder weniger seit dem Zeitpunkt, als ich mit dem Werk anfing.* [95]

Auch an vielen anderen Stellen ihrer Tagebücher klagt Mutter Teresa über das Gefühl, Gott habe sich von ihr abgewendet: *Herr, mein Gott, wer bin ich, dass Du mich im Stich lassen solltest? Das Kind Deiner Liebe, das nun meistgehasste, dasjenige, das Du weggeworfen hast als unerwünscht, ungeliebt. Ich rufe, ich klammere, ich will – und da ist niemand, der mir antwortet.* [96]

Während sie Tag für Tag alles dafür tat, um den jungen Orden zu organisieren, während sie den Novizinnen Vorbild sein wollte, während sie sich pausenlos für die Ärmsten der Armen einsetzte, erlebte sie in ihrem Inneren immer stärker das Gefühl der geistlichen Einsamkeit, der Dunkelheit und Leere: *Der Himmel bedeutet nichts mehr, für mich schaut er wie ein leerer Platz aus. [...] Meine eigene Seele bleibt in Dunkelheit und ohne Tröstung.* [97] Oder an anderer Stelle: *Beten Sie für mich, denn in meinem Inneren ist es eiskalt. Einzig dieser blinde Glaube trägt mich, denn in Wirklichkeit ist für mich alles nur in Dunkelheit.* [98]

Lange Jahre waren Erzbischof Périer und Pater van Exem die Einzigen, die von den inneren Nöten Mutter Teresas wussten. Beide dachten an eine vorübergehende Glaubens- und Schaffenskrise und versuchten die Ordensfrau zu beruhigen. Der Erzbischof schrieb ihr mehrere väterliche Briefe, in denen er sein Mitgefühl ausdrückte, sie aber auch mahnte, Hast, Ungeduld und Egozentrik – die ihm wohlbekannten Schwächen Mutter Teresas – ernsthaft zu bekämpfen: «Es gibt genügend äußere Tatsachen, die Ihnen beweisen, dass Gott Ihre Arbeit segnet. [...] Der Weg, der zu beschreiten ist, mag nicht immer sofort deutlich und überschaubar vor uns liegen. Beten Sie um Licht, treffen Sie keine zu raschen Entscheidungen, hören Sie auf das, was andere zu sagen haben, und bedenken Sie deren Ratschläge!» [99]

Im Jahr 1956 öffnete Mutter Teresa ihr zerrissenes Herz noch einem weiteren Menschen, dem Jesuitenpater Lawrence Trevor Picachy. Picachy war 1916 in Darjeeling geboren und 1934 Jesuit geworden. Seit 1950 war er in Kalkutta als Dozent und Seminarleiter in der Ausbildung des Priesternachwuchses tätig. Dabei war er mit Mutter Teresa zusammengetroffen und hatte für sie und ihre Mitschwestern Exerzitien abgehalten. Während sie nach außen hin gelassen und fröhlich wirkte, war Mutter Teresa in dieser Zeit einer inneren Verzweiflung nahe. Sie fühlte die Anwesenheit Jesu, ihres Geliebten, nicht mehr, sie fühlte sich von ihm verstoßen und gedemütigt. Im April 1959 nahm sie wieder an Exerzitien teil, die Pater Picachy für die «tertians», also für Schwestern, die sich auf die Ewigen Gelübde vorbereiteten, leitete. Im Zusammenhang mit diesen geistlichen Übungen fasste Mutter Teresa ihre Gedanken der Verlassenheit am konzentriertesten zusammen: *Wo ist mein Glaube? Selbst tief drinnen in meinem Innersten ist nichts als Leere und Dunkelheit. [...] Ich habe keinen Glauben. Ich wage nicht, die Worte und Gedanken auszusprechen, die mein Herz bedrängen. [...] Ich habe Angst davor, sie zu enthüllen, wegen der Gotteslästerung. [...] Die ganze Zeit lächeln. Die Schwestern und die Leute machen solche Bemerkungen. Sie glauben, dass mein ganzes Wesen von Glaube, Vertrauen und Liebe erfüllt ist und dass die Vertrautheit mit Gott und das Einssein mit Seinem Willen mein ganzes Herz durchdringen müsse. Wenn sie nur wüssten, wie meine Fröhlichkeit nur der Deckmantel ist, unter dem ich die Leere und das Elend verberge.*[100]

Bemerkenswert ist, dass Mutter Teresa auch in dieser Glaubenskrise ihrem geistlichen Idol, der heiligen Thérèse von Lisieux, glich, die eine ähnliche Finsternis Gottes selbst erlebt hatte und noch auf dem Sterbebett sagte: «Ich glaube nicht an das ewige Leben, es scheint mir, dass es nach diesem sterblichen Leben nichts mehr gibt!» Wie die «Kleine Thérèse», so konnte sich auch Mutter Teresa nur wenigen Menschen mitteilen und glaubte, ihre Gedanken seien Blasphemien. Im September 1959 schrieb Mutter Teresa an Pater Picachy: *In meiner Seele fühle ich eben diesen furchtbaren Schmerz, dass Gott mich nicht will, dass Gott nicht Gott ist, dass Gott nicht wirklich existiert (Jesus, vergib mir meine Gotteslästerungen). [...] Wofür arbeite ich? Wenn es keinen Gott gibt, kann es auch keine Seele geben. Wenn es keine Seele gibt, dann Jesus – bist du auch nicht wahr. [...] Ich bete nicht mehr. – Ich spreche die Worte der Gemeinschaftsgebete aus – und versuche mein Äußerstes, um aus jedem Wort die Süße herauszuholen, die es spenden müsste. – Doch mein Gebet der Vereinigung gibt es nicht mehr. – Ich bete nicht mehr. Meine Seele ist nicht länger eins mit Dir.*[101]

Im Jahr 1960 nahm Mutter Teresa die Hilfe eines weiteren Jesuitenpaters in Anspruch. Pater Joseph Neuner SJ war 1936 in München zum Priester geweiht worden und 1938 nach Indien gegangen, um in Pune Theologie zu lehren. Während des Krieges war er in Indien interniert, promovierte dann in Rom und kehrte 1950 nach Indien zurück. Beim Zweiten Vatikanischen

Konzil war er Konzilsberater für das Verhältnis der Kirche zu den nichtchristlichen Religionen. Nachdem er einen Artikel über Mutter Teresa geschrieben hatte, kam es zu einem Briefwechsel mit ihr, der über zwanzig Jahre anhalten sollte. Sie begegneten sich auch mehrere Male persönlich. Pater Neuner erinnerte sich später: «Bei unseren Treffen begann Mutter Teresa über die Prüfungen ihres inneren Lebens und die Unfähigkeit, sich irgendjemandem zu öffnen, zu sprechen. So bat ich sie, ihre Erfahrungen niederzuschreiben, was sie ausführlicher tat, als ich erwartet hatte. Sie gab mir die Unterlagen mit der ausdrücklichen Bitte, diese zu verbrennen, sobald ich sie gelesen hätte.»[102]

Auch die Äußerungen Mutter Teresas aus dieser Zeit lassen nicht erkennen, dass sich ihr Zustand der Entfremdung und Depression gebessert hätte: *Der Platz Gottes in meiner Seele ist leer. In mir ist kein Gott.*[103] *Der Himmel bedeutet nichts mehr, für mich schaut er wie ein leerer Platz aus. […] Der Himmel, welch Leere – kein einziger Gedanke an den Himmel dringt in meinen Geist ein – denn dort ist keine Hoffnung. […] Er will mich nicht – Er ist nicht da – Himmel – Seelen – warum sind das nur Worte – die mir nichts bedeuten. […] Ich möchte ihn lieben, wie er noch nie geliebt wurde – und doch ist da diese Trennung – diese furchtbare Leere, dieses Gefühl der Abwesenheit Gottes. […] Ich glaube nicht, dass ich eine Seele habe!*[104]

Besondere Gewissensbisse bereitete es Mutter Teresa, dass sie, die zu dieser Zeit bereits von vielen Menschen als Vorbild und Ratgeberin in Glaubensfragen in Anspruch genommen wurde, ein einseitiges, wenn nicht falsches Bild weitergeben musste: *Ist das nicht ein Betrug an den Leuten? Jedes Mal, wenn ich die Wahrheit erzählen wollte – dass ich keinen Glauben habe –, kommen die Worte einfach nicht – mein Mund bleibt verschlossen. Und dennoch lächle ich weiterhin Gott und die anderen an!*[105] Und an anderer Stelle: *Die Leute sagen, dass sie sich näher zu Gott fühlen, wenn sie meinen festen Glauben sehen. Ist das nicht ein Betrug an den Leuten?*[106]

Nachdem sie Besinnungstage für Schwestern gehalten hatte, schrieb sie an Pater Neuner: *Ich sprach so, als sei mein eigenes Herz in Gott verliebt – mit einer zärtlichen, persönlichen Liebe. [...] Welche Heuchelei!*[107]

Immerhin scheint die Begegnung mit Pater Neuner zumindest zeitweise eine beruhigende Wirkung auf Mutter Teresa ausgeübt zu haben. Jedenfalls schreibt sie ihm nach einiger Zeit: *Zum ersten Mal in diesen elf Jahren fing ich an, die Dunkelheit zu lieben. Denn ich glaube, dass dies ein Teil ist, ein sehr, sehr kleiner Teil der Dunkelheit und des Schmerzes Jesu auf Erden.*[108]

Wenn auch die Phasen der Gottesferne im zunehmenden Alter von Mutter Teresa wohl weniger schmerzvoll erfahren wurden, kann von einer vollständigen Überwindung nicht die Rede sein. Ihren Biographen Christian Feldmann und Marianne Sammer zufolge soll sie sich in hohem Alter aus diesem Grund sogar einem katholischen Exorzismus zum Austreiben böser Geister unterzogen haben. Der Exorzismus soll vom Erzbischof von Kalkutta genehmigt und vom Priester Rosario Stroscio durchgeführt worden sein.[109]

> Unter «Exorzismus» versteht man ein Ritual zum Austreiben von Dämonen aus «besessenen» Menschen, Tieren, Orten oder Dingen. Der Exorzist tritt dabei in eine direkte Verbindung mit dem Geist, Dämon oder Teufel. Exorzistische Vorstellungen kennen viele Religionen, aber auch schamanistische und esoterische Denkrichtungen. In einfacher Form wird in jedem Taufritus der katholischen Kirche ein Exorzismus vorgenommen, indem der Priester den Täufling von jeder Form satanischer Versuchung losspricht. Der «Große Exorzismus» ist Einzelfällen vorbehalten und muss vom jeweiligen Bischof genehmigt werden. Zuvor müssen Ärzte und Psychologen hinzugezogen werden, um einfache Erkrankungen des Betroffenen auszuschließen. Nach Wunsch des Vatikans soll das Ritual des Exorzismus zunehmend angewendet werden. Papst Benedikt XVI. soll die Absicht geäußert haben, weltweit 3000 neue Exorzisten ausbilden zu lassen.
>
> Nach Spiegel-Online, Video 27861

Die labile seelische Befindlichkeit war die eine Seite Mutter Teresas, ihr Bild in der Öffentlichkeit eine andere. Wie unter Zwang bestand sie während ihres ganzen Lebens darauf, dass kein Wort über ihre Sinnkrisen publik werden dürfe. Pater Picachy schärfte sie ein: *Sie bewahren mein tiefstes Geheimnis. Ich bitte Sie um Seinetwillen, betrachten Sie alles, was Sie lesen, als eine Gewissensfrage.*[110]

Auch vor ihren Schwestern verbarg Mutter Teresa ihre Krisen. Dementsprechend mahnte sie den Konvent unablässig zur Unterdrückung jeglichen Zweifels: *Eine Mutter hat keine Zweifel, wenn sie ihr Kind versorgt. Weil sie liebt. Dasselbe gilt auch für uns. Wenn wir Christus wirklich lieben, tauchen Zweifel nicht auf. Vielleicht kommt das Verlangen, alles noch besser zu machen, aber kein Zweifel. [...] Zweifel ist störend. Zweifel nimmt einem die Freiheit.*[111]

Einer Mitschwester, die an Niedergeschlagenheit und Depression litt, schrieb sie: *Ich war sehr traurig, als ich dich heute Morgen so niedergeschlagen und traurig sah. Du weißt, wie sehr Jesus dich liebt. [...] Sei gut, sei heilig, zieh dich selbst hoch. Lass nicht zu, dass der Teufel das Beste von dir bekommt. Du weißt, was Jesus und Mutter von dir erwarten. Sei einfach freudig. Strahle Christus im Krankenhaus aus!*[112]

Zweifel sind störend, Zweifel dürfen im Weltbild einer katholischen Nonne und Ordensgründerin nicht vorkommen. Im krassen Widerspruch zu ihrer inneren Befindlichkeit verwahrte sich Mutter Teresa zeitlebens öffentlich dagegen, dass Zweifel zum Leben eines jeden Menschen gehören könnten: *Als ich achtzehn wurde, beschloss ich, meine Heimat zu verlassen und Ordensschwester zu werden, und seitdem, seit nunmehr vierzig Jahren, habe ich keine Sekunde daran gezweifelt, dass ich das Richtige tat: Es war der Wille Gottes. Es war Seine Wahl!*[113] Und einem skeptischen Journalisten rief sie fast beschwörend zu: *Wenn Sie Gott erst einmal in sich haben, dann haben Sie Ihn Ihr ganzes Leben lang. Da gibt es keinen Zweifel. [...] Nein, ich hatte niemals Zweifel gehabt!*[114]

Die Strategie Mutter Teresas, ihre eigenen Zweifel und Ängste geheim zu halten, war bis über ihren Tod hinaus erfolgreich. Ihr Leben lang galt sie der Welt als Sinnbild von Glaubensstärke, Beharrlichkeit und klösterlichem Gehorsam. Ihre Korrespondenz hatte sie mit einem strengen Veröffentlichungsverbot belegt und selbst kistenweise Briefe verbrannt.[115] Erst im

Sommer 2007, zehn Jahre nach ihrem Tod, wurden Teile ihrer bisher geheimen Aufzeichnungen publiziert. Das New Yorker «Time Magazine» veröffentlichte bis dato kaum bekannte Briefe, Aufzeichnungen und Exerzitien-Notizen. Ein Teil davon war schon 2002 in der biederen italienischen Zeitschrift «Famiglia Cristiana» erschienen und einer kleinen Öffentlichkeit bekanntgeworden. Von wem wurden diese Schriftstücke lanciert und aus welchem Grund? Die kompletten Aufzeichnungen Mutter Teresas lagen der vatikanischen Seligsprechungskommission vor, die von 1999 bis 2003 arbeitete und die Seligsprechung der Ordensgründerin – zwei Jahre nach ihrem Tod – beispiellos schnell vorantrieb. Am 19. Oktober 2003 wurde sie von Papst Johannes Paul II. per Eilverfahren seliggesprochen. Vom Orden wurde Pater Kolodiejchuk als Postulator, also Betreuer des Verfahrens, eingesetzt. Brian Kolodiejchuk, 1956 in Winnipeg (Kanada) geboren, gehörte ab 1984 als junger Priester zu den Mitbegründern des männlichen Zweiges der «Missionaries of Charity». Bis zu ihrem Tod galt er als enger Vertrauter Mutter Teresas. Heute leitet Kolodiejchuk das mexikanische «Mother Teresa Center» in Tijuana. Im Jahr 2007 veröffentlichte er im New Yorker Verlag Random House die geheimen Tagebücher Mutter Teresas, die sofort in mehrere Sprachen übersetzt wurden. Es ist sehr wahrscheinlich, dass er schon 2002 – kurz nach Abschluss des Verfahrens der Seligsprechung – die katholische Presse Italiens über die «dunkle Seite» Mutter Teresas in Kenntnis gesetzt hatte. Die Frage nach seiner Motivation ist bis heute ungeklärt. Einige Stimmen sprechen davon, Kolo-

> Die Seligsprechung (oder Beatifikation) ist die feierliche Erklärung der römisch-katholischen Kirche, dass ein/e Verstorbene/r in die selige Anschauung Gottes gelangt ist. Im Gegensatz zu Heiligen wird der/die Selige nur regional verehrt. Heute folgt der Seligsprechung in der Regel aber die Aufnahme in den römischen Heiligenkalender, die Heiligsprechung. Voraussetzung für den Prozess ist ein besonders vorbildhaftes Leben, der «Ruf der Heiligkeit» und der «Ruf der Wundertätigkeit». Nach geltendem Kirchenrecht darf ein Seligsprechungsprozess erst fünf Jahre nach dem Tod des Verstorbenen eingeleitet werden, es sei denn, der Papst legt – wie im Fall Mutter Teresas geschehen – sein persönliches Veto ein.

Seligsprechung Mutter Teresas durch Papst Johannes Paul II. am 19. Oktober 2003 auf dem Petersplatz in Rom

diejchuk wollte dem stockenden Heiligsprechungsverfahren neue Impulse geben, indem er Mutter Teresas menschliche und gebrochene Seite stärker betonte. Andere Stimmen hingegen sprechen von rein finanziellen Motiven für die Veröffentlichung.

«Nur ein kleiner Bleistift in der Hand unseres Herrn»
Strategien der Sublimation

Schon zu ihren Lebzeiten stellte sich den wenigen Eingeweihten die Frage, ob die Glaubenszweifel Mutter Teresas existenzieller Art waren oder lediglich eine vorübergehende Sinnkrise, die fast alle Mystiker der Kirche durchleben mussten. Fest von der zweiten Alternative überzeugt war Kalkuttas Erzbischof Périer. Er schrieb Mutter Teresa: «Gott verbirgt sich scheinbar eine Zeitlang. Dies kann sehr schmerzvoll sein, und wenn es länger anhält, kann es zum Martyrium werden. […] Das Gefühl der Einsamkeit, der Verlassenheit, des Nicht-Gewollt-Seins und der Dunkelheit der Seele ist aber ein bei geistlichen Schriftstellern und Seelenführern durchaus bekanntes Phänomen. Dieser Zustand ist von Gott gewollt, um uns allein an ihn zu binden!»[116] Auch Mutter Teresas Vertrauter Pater Brian Kolodiejchuk versuchte wohl, die «dunkle Seite» seiner Ordensgründerin zu relativieren und ihre Krisen als gottgewollten Weg darzustellen: «Innere Dunkelheit stellte sich für Mutter Teresa als privilegierter Weg zum Mysterium des Kreuzes Christi dar. Sie wusste, dass Leiden zur Berufung einer Missionary of Charity gehörte, dass man es also erwarten sollte. […] Christus gefiel es, sie mit Seinem ‹schrecklichen Durst› am Kreuz zu vereinen, wie Er es auch mit Seiner schmerzhaften Mutter getan hatte. Sie sollte diese dürstende Liebe Jesu für die Armen und Leidenden verkörpern, denen sie diente.»[117]

Interessanter noch als die Ansichten späterer Hagiographen ist freilich die Frage, wie Mutter Teresa selbst mit ihrer prekären Situation umzugehen vermochte, wie sie trotz ihres Dilemmas ihr Werk bis in ihr hohes Alter inspirieren und organisatorisch leiten konnte – und schließlich, welche Widersprüche und Verwerfungen der jahrzehntelange innere Konflikt in ihrer eigenen Persönlichkeit auslöste.

Aus heutiger Sicht lassen sich vier Widersprüchlichkeiten in der Persönlichkeitsstruktur Mutter Teresas aufzeigen. Eine erste Antinomie könnte mit dem Begriffspaar «demonstrative Demut» contra «geistliche Hybris» charakterisiert werden. Mit dem Ordenseintritt hatte Mutter Teresa nicht nur Ehelosigkeit und Armut gelobt, sondern auch absoluten Gehorsam gegenüber der kirchlichen Obrigkeit, die, ihrem Verständnis nach, Christus verkörperte. Sie selbst legte auf den Gehorsam unter ihren Schwestern den allergrößten Wert. Gehorsam und Demut gegenüber der Obrigkeit, vor allem aber gegenüber ihrem Geliebten Jesus, entsprangen Mutter Teresas innerster Natur. So verwundert es nicht, wie oft Formulierungen der Demut und der eigenen Nichtigkeit in ihren Briefen und Notizen zu finden sind: *Ich bin nur ein kleiner Bleistift in der Hand unseres Herrn. Der Herr mag den Bleistift schneiden oder schärfen. Er mag schreiben oder zeichnen, was immer er will und wo immer er will. Wenn das Geschriebene oder eine Zeichnung gut ist, würdigen wir nicht den Bleistift oder das benutzte Material, sondern denjenigen, der es benutzt hat.*[118]

Die eigene Persönlichkeit vollständig geringzuschätzen und sie einer höheren Macht zur Verfügung zu stellen gehörte zweifelsohne zum geistlichen Ethos der allermeisten Ordensfrauen vor dem Zweiten Vatikanischen Konzil. Begriffe wie «Selbstverwirklichung» und «Individualismus» galten (und gelten teilweise bis heute) in den Klöstern als verpönte Eigenschaften einer verdorbenen, säkularen Außenwelt. Dieser Ansicht war in besonderem Maße auch Mutter Teresa selbst. *Wir sind einfache Instrumente, die kleine Dinge tun und wieder verschwinden!*, predigte sie ihren Mitschwestern.[119] Und auf dem Höhepunkt ihrer persönlichen Krise notierte sie in ihr Tagebuch: *Der Herr will sicher sein, dass auch noch der letzte Tropfen meines Selbst aus mir herausgepresst wird.*[120]

Extreme Ansichten tragen aber nicht selten den Keim extremer Gegenpositionen in sich. So auch bei Mutter Teresa. Ihrem Ziel der Selbstverleugnung steht an manchen Stellen eine die Hybris streifende geistliche Selbstüberforderung gegenüber. Schon vor ihrer Ordensgründung hatte sie trotzig dem Erzbischof von Kalkutta geschrieben: *Was ist, wenn der liebe Gott gerade meinen Namen will? Ich bin Sein, Sein ganz allein. Alles andere interessiert mich nicht!*[121] Nichts Geringeres als Heiligkeit, spirituelle Vollkommenheit, strebte sie als Lebensziel an, fühlte sich sehr wohl auf einem guten Weg dazu: *Ich möchte eine Heilige werden, indem ich das Dürsten Jesu nach Liebe und nach Seelen stille. Und dann gibt es noch ein weitaus größeres Verlangen: der Mutter Kirche so manche Heiligen aus unserer Gemeinschaft zu schenken!*[122] *Wenn ich jemals eine Heilige werde, dann ganz gewiss eine «Heilige der Dunkelheit». Ich werde fortwährend im Himmel fehlen, um jenen ein Licht anzuzünden, die auf Erden in Dunkelheit leben.*[123] Oder an anderer Stelle: *Gottes Wille mit einem Lächeln zu tun, das ist wahre Heiligkeit, und deswegen habe ich immer versucht, zu lächeln, auch wenn die Dinge ganz anders verliefen, als ich es mir wünschte.*[124] Und sich selbst sagte sie immer wieder, allen Anspruch auf Heiligkeit zusammenfassend: *Du musst eine makellose Hostie sein!*[125]

Ein zweiter Widerspruch im Wesen Mutter Teresas könnte mit der Antinomie «zärtliche Hingabe» contra «innere Entfremdung» beschrieben werden. *Jesus ist mein Gemahl. Jesus ist mein Leben. Jesus ist meine einzige Liebe. Jesus ist mein Alles in Allem. […] Er hat sich selbst mit mir vermählt in Zärtlichkeit und Liebe.*[126] *Nur Jesus kann sich so tief zu mir herablassen, um in jemand wie mich verliebt zu sein!*[127]

Dass sich Ordensfrauen wie Mutter Teresa überschwänglich, euphorisch, bisweilen fast erotisch über ihre Beziehung zu Jesus äußern, ist in der Frömmigkeitsgeschichte des Christentums nicht neu. Vornehmlich ist es zwar das Kind Jesus, das da nahezu körperlich verehrt wird – in manchen bayerischen Klöstern hatte jede der Nonnen ein kleines hölzernes Jesuskind in ihrer Zelle, das sie jeden Tag wickelte und neu bekleidete –, aber auch der erwachsene Heiland wird zur Projektionsfläche mannigfaltiger Gefühle. Briefe werden da geschrieben, liebesliedartige Litaneien gedichtet, sodass die Grenze zwischen mystischer Verehrung und psychischer Projektion zumindest schwer zu ziehen sein dürfte. In dieser Tradition stand auch Mutter Teresa.

My Own Little one! (*Meine Kleine*) oder *My own spouse* (*Meine Gattin*) – so habe sie der Heiland immer wieder angesprochen und so ihre Liebe geweckt. Sie selbst beendete ihre Briefe an ihn stets mit dem Zusatz *Deine Kleine* und grübelte: *Mein eigener Jesus! Kann es wahr sein, dass wir einander gehören?*[128] In Erinnerung an ihr Erweckungserlebnis in Darjeeling notierte sie: *Dort war es so, als ob Unser Herr Sich mir – ganz – hingäbe. Doch die Süße & der Trost & die Vereinigung dieser sechs Monate gingen leider viel zu schnell dahin!*[129]

Ihre Mitschwestern ermahnte sie: *Wir sollten uns nicht schämen, Jesus mit all unseren Gefühlen zu lieben! [...] Jesus hüllt uns in Zärtlichkeit und Liebe ein!*[130] Und voll sinnlicher Leidenschaft betete sie: *Liebster Jesu, hilf uns, deinen Duft zu verbreiten!*[131]

Der Empfang der Hostie, die für sie den reinkarnierten Leib ihres Geliebten darstellte, war für Mutter Teresa stets der Höhepunkt des Tages. Eine ältere Schwester erinnerte sich: «Mutter empfing die Heilige Kommunion jeden Tag mit einer außerordentlichen Andacht. Wenn an einem bestimmten Tag zufällig eine zweite Messe im Mutterhaus gefeiert wurde, hatte sie stets versucht, daran teilzunehmen, auch wenn sie sehr beschäftigt war. Ich hörte, wie sie in solchen Fällen sagte: ‹Wie schön es ist, Jesus heute zweimal empfangen zu haben!›»[132] Auch ihre Mitschwestern mahnte Mutter Teresa, eine leidenschaftliche Jesus-Beziehung zu leben[133]: *Lass uns glücklich sein, wenn Jesus sich herablässt, um uns zu küssen. Ich hoffe, dass wir nahe genug sind, dass Er es tun kann.*[134] Als Variante des Motivs «Liebhaber und Geliebte» findet sich in Mutter Teresas Texten auch das Motiv «Patient und Pflegerin»: *Jesus, mein Patient, wie süß ist's, Dir zu dienen. [...] Werde ich Dich, verkörpert in Deinen Kranken, heute und jeden Tag sehen und, während ich sie pflege, Deine Schmerzen lindern.* Und an anderer Stelle: *Ihr geliebten Kranken, wie seid ihr mir doppelt teuer, da ihr Christus mir verkörpert, und welch große Gnade ist es mir, euch pflegen zu dürfen.*[135]

Doch in dem Maß, in dem auch eine irdische Liebe Höhen und Tiefen, ja Entfremdung und Scheitern erfahren kann, in dem Maß begann auch Mutter Teresa am Schweigen ihres spirituellen Geliebten zu leiden: *Der Schmerz des Verlangens ist*

> mind my feelings – don't mind even my pain
> of my separation from You – bring others to You
> and in their love and company – You find
> joy and pleasure. Why Jesus, I am willing with
> all my heart to suffer all that I suffer – not
> only now – but for all eternity – if this was possible.
> Your happiness is all that – I want – for the
> rest – please do not take the trouble – even
> if You see me faint with pain. – All this is
> my Will – I want to satiate Your Thirst with
> every single drop of blood, that You can find
> in me. – Don't allow me to do You wrong
> in any way. Take from me the power
> of hurting You. – Heart and soul I will
> work for the Sisters – because they are Yours, each
> and every one – are Yours.
> I beg of You only one thing – please do not take
> the trouble to return soon. – I am ready to
> wait for You for all eternity. – Your little one.

Ein Brief Mutter Teresas an Jesus: «Dein Glück ist alles, was ich will. […] Deine Kleine.»

so groß. Ich sehne und sehne mich nur nach Gott. Aber Er will mich nicht. Er ist nicht da. […] Ich sehne mich nach Gott. Ich möchte Ihn lieben. Ihn sehr lieben. Nur für Seine Liebe leben. Nur lieben. Und trotzdem ist da nur Schmerz. Sehnsucht und keine Liebe.[136] Wer eine Liebe verloren hat, muss sein Leben neu ordnen. Er kann aufbegehren, trotzig werden oder sich in sein Schicksal ergeben. Mutter Teresa entschied sich in ihrer – scheinbar toten – Beziehung zu Jesus zu einem demütigen Abwarten: *Mein eigener Jesus, tu mit mir, was Du willst, solange Du es willst, ohne auch nur einen einzigen Blick auf meine Gefühle und meinen Schmerz zu werfen. […] Dein Glück ist alles, was ich will. […] Bitte, mach Dir nicht die Mühe, bald zurückzukehren. Ich bin bereit, auf Dich in alle Ewigkeit zu warten. Deine Kleine.*[137]

Armut und Leid, Schmerz und Einsamkeit, diesen menschlichen Erfahrungen war Mutter Teresa in Kalkutta tagtäglich ausgesetzt. Sie zu bekämpfen, sich für menschenwürdige Lebensumstände einzusetzen, war ihr erklärtes Ziel von Beginn ihres Wirkens an. Die praktische Bekämpfung des Leides aber war etwas anderes als die spirituelle Auseinandersetzung mit der Frage, warum Gott all dieses Leid zulassen konnte. Auch Mutter Teresa konnte letztendlich die Theodizee-Frage, diese große und bedrückende Frage des Christentums, nicht lösen. Die innere Zerreißprobe – «Kampf gegen die Armut» contra «theologische Überhöhung des Leides» – führte bei ihr zu einer inneren Entfremdung von ihrem Geliebten, aber auch zu einer theologischen Überhöhung des Leidens an sich.

> Unter dem Theodizee-Problem (gr. theós: Gott, diké: Gerechtigkeit) versteht man die klassische Frage in Philosophie und Theologie, wie die Existenz eines allmächtigen, allwissenden und allgütigen Gottes mit dem Leid in der Welt vereinbar sei. Der Begriff geht auf den Philosophen Gottfried Wilhelm Leibniz und seine «Essais de Théodicée» (1710) zurück. Thematisiert wird das Problem bereits im alttestamentarischen Buch Hiob.

Das Leid als Heilsweg ist in der Theologiegeschichte kein seltenes Motiv. Schon Bernhard von Clairvaux (1090–1153) hat darauf abgehoben, dass das Leid, das Christus in der Kreuzigung widerfahren ist, existenziell für das Selbstverständnis eines jeden Christen sei. Nachfolge Christi bedeute, «in den Wunden Christi zu wohnen», also auch das eigene Leid als Teilhabe am Leiden des Erlösers zu deuten. In dieser Tradition steht auch die Leidenstheologie Mutter Teresas, etwa wenn sie einer von Schmerz gepeinigten Freundin sagt: *Leiden, Schmerz, Versagen – ist nichts anderes als ein Kuss von Jesus, ein Zeichen dafür, dass du Jesus am Kreuz so nahe gekommen bist, dass er dich küssen kann.*[138]

Wenn das Leid, das sie zu erdulden hatte, eine Prüfung Gottes war, dann war es auch ein Geschenk Gottes, das man, wenn schon nicht freudig, doch zumindest in großer Opferbereitschaft entgegennehmen musste. So oder ähnlich mag der Gedanke gewesen sein, der sich in Mutter Teresa geformt und zu einer regelrechten Leidens- und Opfertheologie ausgewachsen hatte. Ihren Schwestern erklärte sie: *Die Hingabe muss auch ein Opfer sein, ein großes Opfer. Nein, es gibt keine Traurigkeit, nur das Opfer. Opfer machen nicht traurig, besonders wenn man sie Gott darbringt.*[139]

In einem Brief an Erzbischof Périer schrieb Mutter Teresa: *Ich möchte eine wirkliche Sklavin Unserer Lieben Frau werden, um einzig aus Seinem Kelch des Schmerzes zu trinken.*[140] Dem Erzbischof, einem nüchternen Mann, war eine solch exaltierte Leidenstheologie fremd, und er erwiderte lapidar: «Sie müssen nicht nach Leiden Ausschau halten. Der Allmächtige Gott sorgt für sie jeden Tag!»[141]

An Mutter Teresas Leidenstheologie entzündete sich bereits zu ihren Lebzeiten Kritik. Solange sie ihrer eigenen Befindlichkeit eine theologische Überhöhung zumaß, mochte es noch hingehen. Wenn sie aber Schmerz und Leid anderer zu unvermittelt als Gnadengeschenke Jesu interpretierte, verpuffte die gutgemeinte seelsorgerische Absicht und verletzte oftmals die Gefühle der Betroffenen. Eine von schweren Schmerzen geplagte Krebskranke wollte Mutter Teresa mit den Worten aufmuntern: *Deine Schmerzen sind Küsse Jesu!* Worauf diese unwirsch zur Antwort gab: «Mutter, dann bitte Jesus, dass er aufhört, mich zu küssen!»[142]

Auch Jacqueline de Decker, Mutter Teresas belgische Freundin und Mitarbeiterin, die an einer sehr schmerzhaften chronischen Erkrankung litt, bekam gute Ratschläge: *Wie sehr der Herr Sie lieben muss, dass Er Ihnen so großen Anteil an Seinem Leid gibt? Sie sind die Glückliche, denn Sie sind die Erwählte! […] Es tut mir leid, dass das Geräusch an Ihrem Ohr immer noch da ist und Sie nachts wach hält und dass auch die Schmerzmittel keine Linderung bringen. Aber so behandelt der Herr seine Freunde!*[143] Und in einem späteren Brief: *Du hast vom Kelch Seiner Agonie gekostet – und welchen Lohn bekommst du dafür, meine liebe Schwester? – noch mehr Leiden und noch größere Ähnlichkeit mit Ihm am Kreuz.*[144]

Einer jungen Schwester, die an Tuberkulose erkrankt war

und mit Gott haderte, schrieb Mutter Teresa: *Du bist noch ein Kind, und das Leben ist schön. Doch der Weg, den Er für dich ausgesucht hat, ist der wahre Weg. Lächle also, lächle über die Hand, die dich schlägt. Küsse die Hand, die dich ans Kreuz nagelt!*[145]

Man hat Mutter Teresa bereits zu Lebzeiten vorgeworfen, leidende Menschen als «Anschauungsmaterial für Barmherzigkeit» (Christopher Hitchens) zu missbrauchen, ja, durch möglichst primitive Medizin Leid und Schmerz erst zu erzeugen (Jack Preger). «Sie scherte sich nicht darum, Kranke zu heilen, sie war eine Missionarin!», empörte sich unter anderem auch der aus Kalkutta stammende Mediziner Aroup Chatterjee in seinem Buch «Mother Theresa. The Final Verdict». Man hat Mutter Teresa mit solchen Vorwürfen sicher manche Ungerechtigkeit beigefügt. Durch lapidare Äußerungen wie *Auch Lepra ist ein Geschenk Gottes!*[146] hat sie solche Reaktionen aber geradezu provoziert.

Der vierte Widerspruch im Wesen Mutter Teresas ist jener zwischen einer beeindruckenden Weite ihres Herzens und einer rigoristischen Enge, die sie von Zeit zu Zeit zu befallen pflegte. Dass Mutter Teresa im Alltag eine warmherzige, großzügige und – trotz allem – fröhliche Frau sein konnte, ist vielfach bezeugt. Ideologische Enge kam bei ihr immer dann auf, wenn es um die Grundlinien ihres «Werkes» ging oder wenn sie die Lehren der römischen Kirche angegriffen sah. Über manche alltägliche «Marotten» mochte man zu Lebzeiten gelächelt haben. Dass lange Zeit ein uraltes Telefon das einzige technische Gerät im Mutterhaus des Ordens war. Dass es dort bis heute keine Waschmaschine, keinen Stromgenerator als Abhilfe bei den in Kalkutta üblichen Stromausfällen gibt. Dass man im Sommer konsequent auf Ventilatoren und im Winter auf Heizöfen verzichtete. Dass die Schwestern auf ihren beschwerlichen Wegen stundenlang zu Fuß gehen müssen und von niemandem auch nur eine Tasse Tee annehmen dürfen. Dass man trotz Millionenspenden aus aller Welt lange Zeit beharrlich auf jede Art von Buchführung verzichtete. Mutter Teresa tat all dies mit der Bemerkung ab, dass die Armen, denen man sich verpflichtet sah, über derlei Dinge auch nicht verfügten.

Ernsthafte Kritik zog das Mutterhaus allerdings bei der medizinischen Versorgung der Kranken und Armen auf sich. Man warf Mutter Teresa vor, sie verwende in ihren Heimen und Sterbehäusern bewusst schlechte medizinische Hilfsmittel, obwohl bessere kostenlos zur Verfügung stehen würden. Sie gebrauche aus Sparsamkeit alte Spritzen immer wieder, vor allem verzichte sie aus ideologischen Gründen – ihrer Leidenstheologie entsprechend – weitgehend auf Schmerz- und Betäubungsmittel. In New York soll sie ein Haus als Obdachlosenasyl ausgeschlagen haben, weil dort ein – für ihre Schwestern unangebrachter – Fahrstuhl installiert war.

Am rigorosesten war die Haltung Mutter Teresas, wenn es um Fragen von Ehe und Familie ging. Als in Irland darüber abgestimmt werden sollte, ob die Ehescheidung gesetzlich erlaubt sein sollte, rief sie die Iren dazu auf, mit Nein zu stimmen.[147] Schon in den 1960er Jahren hatte sie sich mit Indiens Ministerpräsidentin Indira Gandhi, mit der sie eigentlich befreundet war, angelegt. Gandhi förderte Programme der Geburtenkontrolle durch Vasektomie, also durch die Durchtrennung des Samenleiters beim Mann, und durch andere chirurgische Sterilisationsmethoden. Mutter Teresa übernahm (und überhöhte sogar) die römische Lehre, wonach ausschließlich natürliche Methoden und Enthaltsamkeit als Mittel zur Eindämmung der Überbevölkerung Indiens angewendet werden dürfen. Mutter Teresa geißelte die Aktionen Indira Gandhis mit den Worten: *Man tötet nicht nur Leben, sondern stellt sein eigenes Ich über Gott. Menschen entscheiden, wer leben und wer sterben soll.*[148] In fast prophetischem Zorn sah Mutter Teresa schweres Unheil für Indien voraus, sollte man die eingeschlagene Linie der Geburtenkontrolle beibehalten. Eine Zeitung titelte daraufhin: «Mutter Teresa, die letzte gehorsame Frau des Vatikans»[149].

Um ihren Unmut über alle Formen von Abtreibung vorzutragen, war Mutter Teresa jedes Auditorium recht. Die Verleihung des Friedensnobelpreises in Oslo am 10. Dezember 1979 nahm sie zum Anlass für folgende Worte: *Der größte*

Mutter Teresa spricht vor der UNO-Vollversammlung am 15. Juni 1988: «Der größte Feind des Weltfriedens ist die Abtreibung.»

Friedenszerstörer ist heutzutage die Abtreibung, weil es ein direkter Krieg ist, ein direktes Töten, ein direkter Mord durch die Mutter selbst. Viele Leute kümmern sich sehr um die Kinder in Indien oder Afrika, wo eine ziemlich große Zahl stirbt, vielleicht wegen Unterernährung, aus Hunger und Ähnlichem. Aber in den entwickelten Ländern sterben Millionen durch den Willen der eigenen Mutter.[150]
Und anlässlich des 40. Jahrestages der UNO wiederholte sie 1988 in New York: *Wir fürchten uns vor einer neuen Krankheit namens Aids, aber wir fürchten uns nicht davor, auf grausamste Weise ein unschuldiges Kind zu töten. Der größte Feind des Weltfriedens ist die Abtreibung.*[151]

Thomas T. Mundakel, lange Jahre Mitarbeiter Mutter Teresas und – nach eigenen Angaben – vom Orden offiziell legitimierter Biograph der Ordensgründerin, schreibt, dass Mutter Teresa mehrfach die Todesstrafe für abtreibende Eltern, Ärzte und deren Helfer gefordert haben soll.[152] Eine schriftliche Quelle für diese Behauptung gibt es allerdings bisher nicht.

Der «Brüderorden» und die «Gemeinschaft der Leidenden»

Unabhängig von den inneren Zweifeln und Widersprüchen ihrer Gründerin entwickelte sich das Werk Mutter Teresas stetig und erfolgreich. Am 25. März 1963 erweiterte sich die Ordensgemeinschaft um einen «Brüderorden». Lange schon war im engsten Zirkel um Mutter Teresa die Frage diskutiert worden, ob die vielfältigen und harten Aufgaben des Ordens auf Dauer allein von Frauen bewältigt werden könnten. Viele männliche Patienten in den Sterbehäusern und viele Jungen in den Waisenhäusern wünschten sich – zumindest zusätzlich – männliche Bezugspersonen. Mutter Teresa sträubte sich nicht dagegen, wollte aber keinen ausschließlichen Priesterorden, der die bisherige Struktur der «Missionaries» grundlegend hätte verändern können. Erstmalig in Indien wurde also ein Ordenszweig gegründet, der sich auf Ordensbrüder, nicht auf studierte Patres stützen sollte. Der ehemalige Jesuit und Australier Ian Travers-Ball wurde als Bruder Andrew erster Leiter der Brüder («Generaldiener»). Es war ihm von Anfang an klar, dass sich der Alltag im Männerorden von dem der Schwestern unterscheiden musste: «Der Lebensstil einer Gruppe von Männern wird sich zwangsläufig von dem einer Gruppe von Frauen unterscheiden. Wir konnten beispielsweise nicht so dicht gedrängt zusammenleben, wie es die Frauen geschafft haben. Männer müssen einen Spaziergang machen oder sonntags Fußball spielen oder sich einen Ringkampf anschauen können. Die Schwestern gehen außerhalb ihrer Arbeit niemals aus. Auch die Haushaltsorganisation konnte bei uns nicht dieselbe sein. Ich fühlte mich nicht verpflichtet, allen kleinen Einzelheiten zu gehorchen.»[153]

Die ersten fünfzehn Brüder wurden in «Shishu Bhavan» zwischen Kindern und Babys untergebracht. Später mietete man eigene Häuser an, schließlich kaufte der Orden ein Haus in der Mansatala Row Nr. 7 in Kalkutta, das zum Mutterhaus der Brüder werden sollte. Sozialarbeit am Howrah-Bahnhof war die erste Aufgabe, der sich die Brüder zuwandten. Der Bahnhof galt als Umschlagplatz für Drogen und Brennpunkt der Kleinkriminalität. Wer kein Zuhause mehr hatte, landete früher oder später dort. Viele der streunenden Jugendlichen waren krank, verwildert und kriminell. Das erste Ziel der Mönche musste also sein, ihnen wenigstens einmal am Tag eine warme Mahlzeit und medizinische Grundversorgung anzubieten. Für heimatlose und behinderte Jugendliche gründete man nach einigen Jahren das Heim «Nabo Jeevan» («Neues Leben»), für geistig Behinderte und Tbc-Kranke eine Farm außerhalb von Kalkutta. Im Zentrum «Nabo Jibon» wurde Straßenjungen einmal in der Woche die Möglichkeit geboten, zu baden, zu tanzen, zu singen und Wunden versorgen zu lassen. Kranke und behinderte Kinder wurden auch für längere Zeit aufgenommen.

Das Verhältnis zwischen Bruder Andrew und Mutter Teresa war freilich nicht konfliktfrei. Schon bald nach der Gründung war es zu einer Auseinandersetzung um die Frage der Kleidung gekommen. Mutter Teresa wünschte sich für ihre Mönche eine reguläre Ordenstracht, nach Bruder Andrew hingegen sollten die Brüder Hose und T-Shirt tragen und allein durch ein kleines Kreuz als Mönche ausgewiesen werden. Fürs Erste konnte sich Andrew durchsetzen, nach weiteren Querelen zog er sich 1986 aus dem Orden zurück. Bruder Geoff, ebenfalls Australier, wurde sein Nachfolger und richtete den männlichen Orden stärker an den Ordensidealen Mutter Teresas aus. So unspektakulär, wie vom Orden dargestellt, war der Rückzug Bruder Andrews allerdings nicht gewesen. Vielmehr schien sich eine Gruppe von Mitbrüdern gegen ihn gestellt zu haben. Ob ihre Vorwürfe, Bruder Andrew sei dem Alkohol verfallen, stichhaltig waren, ist heute nicht mehr zu entscheiden. Auf jeden Fall verließ mit ihm auch eine nicht unerhebliche Anzahl von Brüdern den Orden Mutter Teresas.

Die Aktivitäten der verbliebenen Mönche blieben von diesen personellen Änderungen unbeeinflusst. 1973 eröffneten die «Missionaries» ein Haus in Südvietnam, später in Phnom Penh und in anderen kambodschanischen Städten, in Südkorea und Los Angeles. Bald schon waren über 400 Brüder im Orden tätig, die wenigsten davon waren Priester. Erst ab 1979 öffnete man sich verstärkt auch Priestern, 1983 wurde durch Pater Langford sogar eine eigene Priesterkongregation in der New Yorker Bronx gegründet. Heute sind die Bruderschaften Mutter Teresas in 60 Ländern der Erde aktiv, vor allem an sozialen Brennpunkten. Dass dieses Engagement alles andere als ungefährlich ist, zeigt ein Vorfall, bei dem ein Bruder in El Salvador gekidnappt und erst nach drei Monaten wieder freigelassen wurde.

Nach und nach meldeten sich immer mehr Kranke und Leidende, die der «Gemeinschaft» nahe sein wollten, ohne selbst diakonisch tätig sein zu können. Mutter Teresa ordnete all diesen Menschen eine Schwester zu, die für sie Ansprechpartnerin und spirituelles Alter Ego sein sollte. Der eine Part betete, der andere arbeitete. Vielen kranken Menschen wurde so ein neuer Sinn in ihrem oft sehr reduzierten Leben gegeben. Mutter Teresa nannte sie *meine kranken und leidenden Mitarbeiter*. Internationale Beauftragte für diese Kooperation wurde Jacqueline de Decker. Die belgische Soziologin war schon seit 1946, also noch vor Mutter Teresa, für die Armen in Indien tätig gewesen. Sie hatte in Madras unter einfachen Verhältnissen gelebt. Aufgrund einer schweren Wirbelsäulenerkrankung und vieler Operationen litt Jacqueline de Decker an chronischen Schmerzen, musste stets ein Stahlkorsett tragen und schließlich nach Antwerpen zurückkehren. Auf ihren Brief hatte ihr Mutter Teresa 1952 geantwortet: *Sie wollten gerne Missionarin der Nächstenliebe werden und sind es im tiefsten Grunde Ihres Herzens nach. Warum binden Sie sich nicht im Geiste an unsere Gemeinschaft, die Ihnen so teuer ist? Während wir in den Slums arbeiten, nehmen Sie am Erfolg, an den Gebeten und der Arbeit durch Ihr Leiden und Ihre Gebete teil. Es gibt hier unendlich viel zu tun, und ich brauche Arbeiterinnen, das ist wahr, aber ich brauche auch Seelen wie die Ihre, die für das Werk beten und leiden. Möchten Sie meine Geistesschwester sein und eine Missionarin der Nächstenliebe werden, deren Körper in Belgien, deren Seele aber in Indien ist?*[154]

Von ihrem Krankenlager aus wurde Jacqueline de Decker zu einer der wichtigsten Mitarbeiterinnen und Vertrauten Mutter Teresas außerhalb des Ordens, sie war auch bei der Verleihung des Friedensnobelpreises 1979 zugegen. Mutter Teresa schrieb über ihre fernen Mitarbeiterinnen und Mitarbeiter: *Ihr Leiden und Ihre Gebete werden der Kelch sein, in den wir als die arbeitenden Mitglieder die Liebe der Seelen eingießen, die wir von überall her sammeln. Somit sind sie ebenso wichtig und notwendig für das Erreichen unseres Ziels! […] Jeder, der ein Missionary of Charity werden will, ist uns willkommen, doch ganz besonders lieb sind mir die Gelähmten, die Verkrüppelten und die unheilbar Kranken, weil ich genau weiß, dass sie Jesus viele Seelen zu Füßen legen werden.*[155]

Nachdem Jacqueline de Decker über 40 Operationen hinter sich gebracht hatte, fühlte sie sich so geschwächt, dass sie die Leitung der «Gemeinschaft» an Sr. Anand übergab.

Es spricht für Mutter Teresas Weitblick, dass sie sich 1993 entschloss, ihre weltweite Organisation von «Co-Workers» aufzulösen, aus Angst, das kompliziert und bürokratisch gewordene Konstrukt könne eine eigene Dynamik entfalten und den ursprünglichen Sinn des Ordens in Frage stellen. Stattdessen bat sie alle freiwilligen Mitarbeiter in der Welt, den nationalen Niederlassungen zuzuarbeiten und in ihrer eigenen Umgebung durch Gebet und Engagement im Sinne der «Missionaries» tätig zu bleiben: *Jeder und jede von Ihnen kann beten und aus seinem Heim ein anderes Nazaret machen ohne die Mitarbeiter-Organisation. […] Seien Sie der Sonnenschein von Gottes Liebe in Ihrer eigenen Familie, Ihrer Nachbarschaft und Ihrer Stadt!*[156]

Erhalten blieb Mutter Teresa ein Helferkreis, der vor allem aus engagierten Frauen in Kalkutta bestand. Bereits 1954 war die Engländerin Ann Blaikie, Ehefrau eines in Kalkutta tätigen Rechtsanwalts, auf Mutter Teresa aufmerksam geworden. In ihr fand die Ordensfrau eine erste Gönnerin. Auch als die Blaikies 1960 nach England zurückkehrten, riss die Verbindung nicht ab, sondern wurde Ausgangspunkt eines internationalen Helferkreises.

Erste Auslandsreisen und beginnendes Ansehen in der Öffentlichkeit

Über 30 Jahre, seit dem Januar 1929, hatte Mutter Teresa Indien nicht (und Kalkutta kaum) verlassen. Jetzt, im Juli 1960, sollte sich eine erste Auslandsreise für die Fünfzigjährige anbahnen. Die US-amerikanische «Nationale Versammlung Katholischer Frauen» hatte sie zu ihrer Jahresversammlung nach Las Vegas eingeladen. Mutter Teresa war über dieses Ansinnen entsetzt und sagte umgehend ab: *Ich bin nicht bestimmt für Konferenzen und Kongresse. In der Öffentlichkeit zu sprechen ist nicht meine Sache!*[157] Sie bot an, dass an ihrer Stelle Eileen Egan (1911–2001) über die Projekte sprechen sollte. Eileen Egan hatte Mutter Teresa im Jahr 1955 in Kalkutta kennengelernt und sich mit ihr angefreundet. Später sollte Miss Egan die wichtigste Mitarbeiterin in den USA werden, viele Reisen mit Mutter Teresa unternehmen und die Biographie «Such a Vision of the Street: Mother Teresa, the Spirit and the Work» schreiben. Die amerikanischen Frauen aber blieben hartnäckig. Sie wollten Mutter Teresa persönlich auf ihrem Kongress erleben. Nach ihrer dritten, dringenden Einladung fragte Mutter Teresa endlich Erzbischof Périer um Rat in der – sich nicht erfüllenden – Hoffnung, er würde ablehnen. Das Gefühl, in Kalkutta unabkömmlich zu sein, blockierte Mutter Teresa ebenso wie ihre andauernde Erfahrung der Gottesfinsternis und geistlichen Lähmung. Noch wenige Tage vor ihrem Abflug nach Los Angeles schrieb sie an Pater Picachy: *Diese Dunkelheit, diese Einsamkeit, dieses Gefühl schrecklichen Alleinseins. Der Himmel ist allseitig verschlossen. Selbst die Seelen, die mich von zu Hause wegführten [...] es ist, als ob sie nicht existierten. Verschwunden ist die Liebe für alles und jeden.*[158] Und an Pater Neuner: *Meine Seele ist wie ein Eisblock. Ich habe nichts zu sagen.*[159] Beschwörend klingen auch die Briefe Mutter Teresas an Jesus, ihren fernen Geliebten. Voller Verzweiflung schrieb sie: *Mein Gebet der Vereinigung gibt es nicht mehr. Ich bete nicht mehr. Meine Seele ist nicht mehr eins mit Dir!*[160]

Trotz ihrer Beklemmung reiste Mutter Teresa am 25. Oktober 1960 nach Las Vegas und sprach dort vor 3000 Frauen. *Ich werde sterben vor Angst und Schüchternheit!*[161], hatte sie vorher noch gesagt. Doch einmal in Schwung gekommen, erzählte sie sehr lebhaft von ihren Erfahrungen in Indien. Ihre Rückreise unterbrach sie in England, Deutschland, Italien und in der Schweiz. Nach ihrer Rückkehr schrieb sie an Erzbischof Périer: *Diese Fahrt war der schwerste Akt des Gehorsams, den ich Gott gegenüber jemals leisten musste.*[162] Und in einem Brief an Pater Neuner: *Konferenzen haben einen furchtbar widerlichen Effekt auf mich. Es ist für mich ein wahres Opfer und ein Akt des blinden Gehorsams.*[163]

Ob Mutter Teresa wollte oder nicht, die Zeiten der kleinen Schwesterngruppe und der tagtäglichen Diakonie auf den Straßen Kalkuttas waren für sie vorüber. In ganz Indien hatten sich mittlerweile Niederlassungen des Ordens verbreitet – unter anderem in Delhi, Jhansi und Ranchi – und bedurften ihrer Leitung. Beim ersten Generalkapitel im Oktober 1961 wurde sie zur Generaloberin gewählt. Von nun an wurde sie mehr in Leitungsorganen gebraucht und musste auf Reisen gehen, außerdem nahm sie die Vorbereitung der Gründung des Männerordens in Anspruch, die für den März 1963 geplant war. Kurz darauf erhielten die «Missionaries» die offizielle päpstliche Anerkennung, wodurch der Orden endgültig unter die Autorität des Papstes und nicht mehr des Diözesanbischofs gestellt wurde. Zwanzig Jahre nach seiner Gründung hatte man jetzt 33 Kommunitäten in der ganzen Welt, in der fast 300 Schwestern und Brüder ihren Dienst an den Armen verrichteten.

Auch mehrten sich Ehrungen und Würdigungen. So wurde Mutter Teresa 1962 als erste nicht in Indien geborene Persönlichkeit mit dem «Padma-Shri-Orden», einem der höchsten Zivilorden Indiens, geehrt. Mit einem Schulterzucken meinte sie: *Ich glaube, dass dies sehr gut für die Kirche ist. Für mich persönlich bedeutet es nichts.*[164]

War ihr Desinteresse Pose oder Ausdruck ihrer seelischen Not? In einem Brief an Pater Neuner jedenfalls schrieb sie: *Wie kalt – wie leer – wie voller Schmerzen ist mein Herz. – Die Heilige Kommunion – die Heilige Messe – all die Dinge des geistlichen Lebens – des Lebens Christi in mir – sind alle so leer – so kalt – so ungewollt. Die körperliche Situation meiner auf den Straßen verlassenen Armen – ungewollt, ungeliebt und nicht gebraucht – ist das wahre Bild meines eigenen spirituellen Lebens, für meine Liebe zu Jesus.*[165]

Mutter Teresa hatte sich in ihrem Leben immer nur wenigen Menschen wirklich öffnen können. Umso schmerzlicher musste es für sie sein, dass sich in diesen Jahren erhebliche Veränderungen in ihren Beziehungen zu anderen Menschen ergaben. Pater Joseph Neuner SJ war nun immer häufiger in Rom, wo er bei der Vorbereitung des Zweiten Vatikanischen Konzils – zusammen mit Pater Karl Rahner SJ – wichtige Dienste im Auftrag des Jesuitenordens verrichtete. Ihr zweiter jesuitischer Ansprechpartner, Pater Picachy SJ, wurde im Juli 1962 zum Bischof der Diözese Jamshedpur geweiht. Auch er würde ihr nun weniger zur Verfügung stehen. Zum Abschied

Lawrence Trevor Picachy (1912–92), einer der geistlichen Berater Mutter Teresas, Erzbischof von Kalkutta seit 1969 und seit 1976 Kardinal. Foto von 1979

schrieb sie ihm: *Ich kann nur eines tun – wie ein kleiner Hund den Fußspuren des Meisters dicht am Fuß nachfolgen. Beten Sie, dass ich ein fröhlicher Hund bin!*[166] Die beiden Geistlichen waren für Mutter Teresa besonders wichtig geworden, nachdem sich ihre Beziehung zu Pater van Exem SJ deutlich abgekühlt hatte: *Seit einigen Jahren finde ich es schwierig, mit ihm zu sprechen. Ich weiß nicht, warum.*[167] Außerdem musste Kalkuttas Erzbischof Ferdinand Périer 1962 sein Amt aufgeben und wurde zunächst von Erzbischof Albert Vincent D'Souza (1904–77) abgelöst. 1969 folgte ihm Bischof Picachy im Amt nach, er wurde 1976 in den Kardinalsstand erhoben.

Politik, das ungeliebte Metier

Sosehr sich Mutter Teresa immer gesträubt hatte, in politischen Kategorien denken zu müssen, so wenig konnte es ausbleiben, dass sie sich in ihrer neuen, exponierten Stellung als Generaloberin mit gesellschaftlichen und sozialethischen Themen befassen musste. Armut und Gewalt in Indien hatten politische, soziale, ethnische und religiöse Ursachen, ohne deren Analyse auch die beste Sozialarbeit nutzlos bleiben musste. Andererseits war überparteiliche Barmherzigkeit gerade in Krisenzeiten gefordert. Als 1964 in Kalkutta Kämpfe unter den verschiedenen Bevölkerungsgruppen ausbrachen, die Hunderten das Leben kosteten, versteckte das Kloster viele Verfolgte und verhalf ihnen zur Flucht. Ihrer amerikanischen Freundin Eileen schrieb Mutter Teresa: *Indien macht gerade die allerschwerste Zeit durch. Wir brauchen viele Gebete und Opfer von Menschen in anderen Ländern. Bete viel dafür, dass wir diese Flamme des Hasses ersticken können, die sich immer weiter ausbreitet.*[168]

In dem Maße, in dem das internationale Renommee der «Missionaries of Charity» stieg, wurden auch die indischen Behörden kooperativer. Nach und nach hatte Mutter Teresa gute Kontakte zu den Ministerpräsidenten von Westbengalen, Dr. Bidhan Chandra Roy und Jyoti Basu, einem kommunistischen Politiker, aufbauen können, die beide ihr Werk nachhaltig unterstützten. Auch Premierminister Jawaharlal Nehru kannte die Aktivitäten Mutter Teresas und verfolgte sie wohlwollend. Am meisten vertraut aber war Mutter Teresa mit Premierministerin Indira Gandhi, der sie sich freundschaftlich verbunden fühlte. Indiens schwerer Weg, nach der Unabhängigkeit zur Identität eines modernen, säkularisierten Vielvölkerstaats zu finden, ist eng mit ihrer Person verknüpft.

Indira Gandhi entstammte der hochangesehenen Brahmanenfamilie der Nehru aus Kashmir, ihre Mitglieder hatten sich um die Unabhängigkeit Indiens verdient gemacht, und viele

Der erste Ministerpräsident Indiens, Jawaharlal Nehru, mit seiner Tochter Indira Gandhi, Anfang der 1960er Jahre

waren in britischen Gefängnissen inhaftiert gewesen. Indira selbst litt in ihrer Jugend an Depressionen und Tuberkulose und musste lange Zeit in europäischen Sanatorien behandelt werden. Ihrem Vater Jawaharlal Nehru, dem ersten Premierminister des unabhängigen Indien von 1947 bis zu seinem Tod 1964, diente sie als Sekretärin, Beraterin und schließlich als Ministerin für Information und Rundfunk.

Auf Indira Gandhis Anraten gewährte ihr Vater im März 1959 dem von den Chinesen verfolgten vierzehnten Dalai Lama Asyl. Über 100 000 Tibeter folgten ihm ins Exil nach Indien, die diplomatischen Beziehungen zu China wurden eingefroren. Wenige Jahre später kam es zu militärischen Auseinandersetzungen an der Grenze zwischen Indien und China. Auch unter den Premierministern Shastri und Radhakrishnan setzte Indira Gandhi ihre politische Karriere fort. Da sie sowohl bei Hindus wie bei Moslems beliebt war und über internationale Beziehungen verfügte, wurde sie im Jahr 1966 als erste

Frau indische Ministerpräsidentin. In den ersten Jahren ihrer Regierung erwarb sie sich ein gewisses Ansehen. So versuchte sie erfolgreich, die permanente Lebensmittelknappheit durch Hilfslieferungen aus den USA und durch eine Modernisierung der Landwirtschaft («Grüne Revolution») zu bekämpfen.

Das Scheitern der Demokratie in Pakistan im März 1971 bedeutete eine zweite Herausforderung für die damals vierundfünfzigjährige Premierministerin. Über neun Millionen Menschen flohen vor dem brutalen Militärregime nach Indien. Indira Gandhi versuchte, die Folgen der humanitären Katastrophe zu bewältigen und die internationale Staatengemeinschaft für den Konflikt zu interessieren. Vor allem der US-amerikanische Präsident Richard Nixon aber machte deutlich, dass er Indien im Konflikt mit Pakistan nicht unterstützen wolle. Nachdem die pakistanische Luftwaffe indische Flugplätze bombardiert hatte, rief Indien offiziell den Kriegszustand aus. Die langerwartete Auseinandersetzung dauerte nur zwei Wochen, dann war Pakistan unterlegen. Indira Gandhi war auf dem Höhepunkt ihrer Macht und Beliebtheit.

Mit dem Jahr 1975 aber änderte sich die Stimmungslage. Anhaltende Dürreperioden hatten wiederholt zu Hungersnöten geführt. In den indischen Bundesstaaten Assam, Kerala und im Punjab waren bereits Unruhen ausgebrochen. Die Opposition warf Gandhi Veruntreuung und Vetternwirtschaft vor und forderte das Militär offen zum Putsch auf. Am 26. Juni 1975 rief Indira Gandhi den nationalen Ausnahmezustand aus. Zehntausende politischer Gegner wurden festgenommen, ohne Gerichtsverfahren festgehalten, gefoltert und verstümmelt, die Presse- und Versammlungsfreiheit weitgehend aufgehoben. Es ist Mutter Teresa, die in dieser Zeit bereits enge Kontakte zu Indira Gandhi pflegte, immer wieder vorgehalten worden, dass sie nicht versucht hätte, ihren Einfluss auf die Präsidentin geltend zu machen, um für die Dissidenten in den Gefängnissen einzutreten. Auf dem Höhepunkt der Auseinandersetzungen nahm sie vielmehr aus der Hand Indira Gandhis den Ehrendoktorhut der Universität Sisvabharathil entgegen.

Indira Gandhi, 1977

Die Ministerpräsidentin selbst regierte ihr Land zunehmend restriktiv und undemokratisch. Die für das Jahr 1976 versprochenen Neuwahlen wurden immer wieder hinausgeschoben. Erst 1977 kam es zu Wahlen, die Indira Gandhis Kongresspartei deutlich verlor. Morarji Desai von der Janata-Partei löste Indira Gandhi ab und beendete den Ausnahmezustand. Doch die neue Regierung konnte die inneren Verwerfungen der indischen Gesellschaft nicht beheben und steuerte das riesige Land immer deutlicher auf ein Chaos zu. Im Januar 1980 gewann wieder die Kongresspartei die Wahlen, und Indira Gandhi kehrte an die Macht zurück. Mit großer Energie machte sie sich daran, die separatistischen Tendenzen extremistischer Sikhs im Bundesstaat Punjab zu bekämpfen.

Als sich im Juni 1984 Separatisten im Goldenen Tempel von Amritsar verschanzten, befahl Gandhi unter dem Codenamen «Operation Blue Star» dessen Erstürmung, bei der 2000 Sikhs und 400 indische Soldaten starben. Wenige Wochen später wurde Indira Gandhi von ihren Sikh-Leibwächtern im

Indische Soldaten umzingeln auf Befehl von Indira Gandhi am 6. Juni 1984 den Goldenen Tempel von Amritsar, in dem sich separatistische Sikhs verschanzt haben. Die blutige Niederschlagung des Aufstands führt zur Ermordung der indischen Ministerpräsidentin durch ihre Sikh-Leibwächter in Neu-Delhi am 31. Oktober 1984.

Vorgarten ihres Bungalows erschossen. In den Tagen danach breiteten sich Unruhen aus, 3000 Sikhs wurden ermordet, und über 100 000 mussten aus Delhi in den Punjab fliehen. Mutter Teresa, die gerade auf Reisen war, kehrte umgehend nach Indien zurück, um an den Trauerfeierlichkeiten für die ermordete Premierministerin teilzunehmen.

Ein ähnlich freundschaftliches Verhältnis wie zu Indira Gandhi hatte Mutter Teresa zum US-Präsidenten Ronald Reagan entwickelt. Reagan war ein Jahr jünger als Mutter Teresa,

Mutter Teresa in Trilokpuri, einem von Sikhs bewohnten Viertel in Neu-Delhi, am 7. November 1984. Ein aufgebrachter Mob hatte nach dem Attentat Rache genommen und Feuer gelegt – viele Sikhs verbrannten bei lebendigem Leib.

stammte aus einfachen Verhältnissen und war 1981 – nach einer beachtlichen Theater- und Fernsehkarriere – Präsident der Vereinigten Staaten geworden. In seiner konservativen Auffassung von Kirche und Staat, Familie und Gesellschaft sowie in seinem ausgeprägten Antikommunismus fand er bald Gemeinsamkeiten mit dem Denken Mutter Teresas, die ihn freilich auch geschickt für ihre Projekte zu gewinnen suchte. 1982 bat sie ihn eindringlich, sich der Dürreopfer Äthiopiens anzunehmen, was mittels einer großen Hilfsaktion der Amerikaner auch geschah. *Ich werde das Beten übernehmen, und du kümmerst dich um den Rest, nicht wahr!*[169], soll sie Ronald Reagan am Telefon gesagt haben. 1985 nahm sie im Weißen Haus aus der Hand des Präsidenten die amerikanische Freiheitsmedaille entgegen. Danach galten die beiden als befreundet. An der Tatsache, dass Ronald Reagan geschieden war, schien sie in diesem Fall keinen Anstoß zu nehmen (ebenso wenig an der späteren Scheidung von Diana, der Prinzessin von Wales). Unter Ronald Reagan rüsteten die USA in einem bisher unbekann-

US-Präsident Ronald Reagan überreicht Mutter Teresa die amerikanische Freiheitsmedaille am 5. September 1985. Rechts Reagans zweite Frau Nancy

ten Umfang auf und führten einen nie erklärten schmutzigen Krieg gegen die Sandinisten Nicaraguas. Die USA wurden am 27. Juni 1986 vom Internationalen Gerichtshof in Den Haag wegen ungesetzlicher Anwendung von Gewalt zu Reparationszahlungen verurteilt. Befreiungstheologen in Südamerika wie Gustavo Gutiérrez, Dom Hélder Câmara, Ernesto Cardenal oder Leonardo Boff warteten vergeblich auf eine Solidaritätsadresse Mutter Teresas.

Mit wachsender Berühmtheit wurde Mutter Teresa immer häufiger gebeten, Resolutionen und Protestbriefe aller Art zu unterschreiben. Oftmals widersetzte sie sich diesen Anfragen. Am Vorabend des Krieges der USA gegen den Irak (2. Januar 1991) schrieb sie jedoch aus eigenen Stücken an US-Präsident George Bush sen., den Nachfolger Ronald Reagans, und an den irakischen Führer Saddam Hussein: *Sie wollen beide Ihren Standpunkt vertreten und für Ihr Volk sorgen, aber hören Sie dabei bitte zuerst auf den Einen, der in die Welt gekommen ist, um uns Frieden zu lehren. [...] Kurzfristig kann es in diesem Krieg, vor dem wir uns alle fürchten, vielleicht Gewinner und Verlierer geben, aber das kann und wird niemals das Leid, den Schmerz und den Verlust so vieler Leben rechtfertigen, die Ihre Waffen verursachen werden.*[170]

1970 erhielt Mutter Teresa die Nachricht, der Gesundheitszustand ihrer Mutter Dranafile habe sich verschlechtert. Mutter Teresa war gerade auf Einladung des jugoslawischen Roten Kreuzes in Belgrad und Prizren und wollte die Gelegenheit nutzen, in ihr Heimatland Albanien einzureisen, das sie 42 Jahre lang nicht mehr betreten hatte. Doch die kommunistische Regierung verbot es ihr, sodass es ihr nicht vergönnt war, die sterbende Mutter noch einmal zu sehen. Auch ihre Schwester Aga traf sie nie wieder; sie starb 1973 in Albanien. Nur mit ihrem Bruder Lazar, der im italienischen Exil lebte, konnte sie die Verbindung aufrechterhalten.

In dieser Zeit lernte Mutter Teresa den holländischen Pater Michael van der Peet SCJ kennen, der für sie zu einem wichtigen geistlichen Vertrauten werden sollte. Van der Peet war Jahrgang 1924 und hatte lange Zeit als Exerzitienmeister in den Vereinigten Staaten gelebt. In den folgenden Jahren bat Mutter Teresa den Pater immer wieder, Exerzitien für sie und ihre Schwestern abzuhalten. Auch ihre Korrespondenz mit «Pater Michael», wie sie ihn nannte, war geprägt von ihren inneren Widerständen und Konflikten, aber ebenso von ihrer Bodenständigkeit und Lebensfreude. Pater Michael erinnerte sich später: «Wann immer ich Mutter traf, fiel jede Befangenheit von mir ab. Ich fühlte mich auf der Stelle wohl. Sie strahlte Frieden und Freude aus, auch als sie mir die Dunkelheit in ihrem geistlichen Leben mitteilte.»[171]

Expansion des Ordens, weltweite Aufmerksamkeit und der Friedensnobelpreis

Die 1970er Jahre standen im Zeichen einer starken Expansion des Ordens. Die weltweite Aufmerksamkeit, die Mutter Teresa seit einigen Jahren genoss, führte dazu, dass aus allen Ländern Anfragen nach der Neugründung von Niederlassungen eintrafen. Da in gleichem Maße sich auch junge Männer und Frauen für den Orden der «Missionaries» interessierten, konnte vielen dieser Wunsch erfüllt werden. 1971 errichtete Mutter Teresa erste Einrichtungen in New York, denen viele andere in den USA folgten, darunter bereits erste spezialisierte Aids-Heime. 1973 erhielt der Orden in der Thijala Street von Kalkutta ein eigenes Krankenhaus, das von der «Internationalen Gesellschaft von Indien ICI» gespendet worden war. Von Mutter Teresa wurde es «Premdan» genannt. Hier wurden dem Tod entrissene Patienten ihrer Sterbestationen gesundgepflegt.

1975 feierten die «Missionaries of Charity» das Silberjubiläum ihrer Gründung. Über 1000 Mönche und Nonnen waren es mittlerweile geworden, in fünfzehn Ländern der Erde lebten und arbeiteten sie in 85 Niederlassungen. Einige der wichtigsten Gründungen waren Amman (Jordanien), Melbourne (Australien), die Bronx in New York, Addis Abeba (Äthiopien), Gaza (Palästina), Hodeidah (Jemen), Lima (Peru). Weitere Länder, in denen die «Missionaries» zu diesem Zeitpunkt Dienst taten, waren Sri Lanka, Italien, Irland, England, Südvietnam, Kambodscha, Mexiko, Guatemala, Philippinen, Tahiti, Argentinien und der Libanon. Die erste deutsche Niederlassung wurde im Juni 1979 in Essen gegründet.

Bereits zu Beginn der 1970er Jahre hatte Mutter Teresa beschlossen, ihrem sozial tätigen Orden einen kontemplativen Zweig zur Seite zu stellen. Er sah längere Gebetszeiten

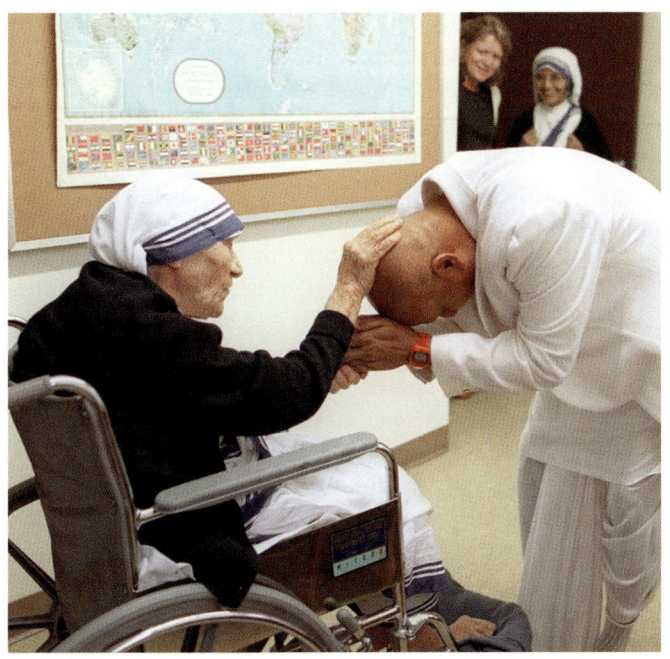

Mutter Teresa segnet den «Friedensanwalt» Sri Chinmoy, der sie in der Niederlassung der «Missionaries of Charity» in der South Bronx besucht, 3. Juni 1997

vor und sollte auch Schwestern aufnehmen, die aufgrund ihres Alters und ihrer Gesundheit nicht mehr aktive Sozialarbeit leisten konnten. New Yorks Kardinal Terence James Cooke segnete die neue Gemeinschaft, die sich zunächst «Schwestern des Wortes», später dann «Kontemplative Missionarinnen der Nächstenliebe» nannte. Ihr männliches Gegenstück wurde 1978 in Rom ins Leben gerufen. Da sich Bruder Andrew mit dieser Gründung nicht anfreunden konnte, wurde ein römischer Prälat mit der Leitung beauftragt.

Obwohl sie selbst nie eine Universität besucht hatte, war Mutter Teresa zu dieser Zeit mit Ehrendoktortiteln überhäuft worden, darunter denen von Cambridge (1977, von Prinz Philip überreicht), Harvard und Madras, dazu kamen die Ehrenbürgerschaften von New York, Washington und vielen anderen Städten der Welt. Bereits 1971 hatte sie den Papst-Johannes-XXIII.-Preis, den Preis der Joseph-Kennedy-Stiftung, den «Order of Merit» des britischen Königshauses (Prinz Charles hatte Mutter Teresa vorher in Kalkutta besucht) und den besonders renommierten Templeton-Preis erhalten.

Auf dem vierten Generalkapitel der «Missionaries of Charity» wurde Mutter Teresa im November 1979 erneut zur Generaloberin gewählt. Kurz darauf erreichte sie die Mitteilung, dass ihr der Friedensnobelpreis dieses Jahres zugeeignet werden sollte. Die gesamte Weltpresse lobte ausdrücklich die Entscheidung des Komitees, so etwa die «Washington Post»: Mutter Teresa sei «geeignet, uns an eine Form des Elends zu erinnern, von dem die meisten Europäer und Amerikaner vielleicht nie etwas erfahren. Von Zeit zu Zeit bedient sich die Vorsehung des norwegischen Nobelpreiskomitees, um der Welt zu zeigen, dass es mehr als eine Art von Frieden gibt und dass die Politik nicht das einzige Mittel ist, ihn zu erstreben.»[172]

Prinz Charles besucht Mutter Teresa in ihrem Kinderheim in Kalkutta, 1980

Nach längerem Zögern nahm Mutter Teresa den Preis im Namen der Armen an. In Begleitung ihrer ersten beiden Postulantinnen reiste sie im Dezember 1979 nach Oslo. Über das große Medienecho im Umfeld der Feierlichkeiten frotzelte sie: *Allein wegen dem Medienrummel habe ich mir einen Platz im Himmel verdient!*[173]

Am 10. Dezember 1979 wurde ihr in der Aula Magna der Universität Oslo in Anwesenheit des norwegischen Königs der renommierteste Preis der Welt überreicht.

Der Friedensnobelpreis, gestiftet vom schwedischen Erfinder und Industriellen Alfred Nobel 1896, ist der renommierteste Preis für Verdienste um die Friedensarbeit. Anders als die übrigen Nobelpreise wird er nicht in Stockholm, sondern in Oslo verliehen. Das Komitee besteht aus fünf Persönlichkeiten, die vom norwegischen Parlament ausgewählt und ernannt werden. Das Komitee soll völlig frei in seiner Entscheidung sein, seine Sitzungen werden nicht protokolliert und seine Entscheidungen nicht gerechtfertigt. Erstmals wurde der Preis 1901 an Henry Dunant, den Gründer des Internationalen Roten Kreuzes, vergeben. Erste weibliche Preisträgerin war 1905 die österreichische Friedensaktivistin Bertha von Suttner.

Professor John Sanness, der Vorsitzende des Nobelpreis-Komitees, sagte: «Das Markenzeichen ihrer Arbeit ist die Achtung des einzelnen Menschen, seines Wertes und seiner Würde.» Und Robert McNamara, Präsident der Weltbank, ergänzte: «Mutter Teresa verdient den Nobelpreis, denn sie fördert den Frieden auf ganz grundlegende Weise durch ihre Bestätigung der Unverletzlichkeit der Menschenwürde.»[174]

Mutter Teresa, die sich über ihren üblichen Sari nur eine Wolljacke gezogen hatte, nahm die Dankesrede zum Anlass, auf grundsätzliche Themen einzugehen. So waren es zunächst die Armen auf der ganzen Welt (*Kalkutta ist überall!*[175]), auf die sie die Aufmerksamkeit des Auditoriums lenken wollte. *Ich war überrascht, im Westen so viele drogenabhängige junge Männer und Frauen zu sehen, und ich versuchte herauszufinden, wieso das so ist. Weil es in der Familie niemanden gibt, der sie annimmt. Vater und Mutter sind so beschäftigt, dass sie keine Zeit haben. Das Kind geht dann auf die Straße und wird in irgendetwas hineingezogen. Dies sind Dinge, die den Frieden zerstören.*[176]

Dann folgte die stark diskutierte und kritisierte Passage

über ihre Sicht der Abtreibung: *Doch ich glaube, der größte Zerstörer des Friedens ist heute die Abtreibung, weil es ein direkter Krieg ist, ein direktes Töten, ein direkter Mord durch die Mutter selbst. [...] Ich meine, dass das ungeborene Kind heutzutage das Ärmste unter den Armen ist – das am wenigsten Geliebte, das am wenigsten Gewollte, das Weggeworfene der Gesellschaft.*[177] Und mit gleicher Leidenschaft fuhr sie fort: *Wenn eine Mutter ihr eigenes Kind ermorden kann – bleibt mir nur, dich zu töten, und du tötest mich. Es gibt nichts dazwischen.*

Auf Bitten Mutter Teresas wurde im Anschluss an die Verleihung nicht das übliche Festbankett abgehalten, sondern der entsprechende Betrag an die Armen gespendet, ebenso das Preisgeld des Nobelpreises – rund eine Million Euro – und das des indischen Bharat-Ratna-Preises, der Mutter Teresa unmittelbar darauf verliehen wurde. Wieder in Indien, zog sich Mutter Teresa in strenge Klausur zurück.

«Wenn es auf dem Mond Arme gibt, werden wir dorthin gehen!»
Die Unrast der letzten Jahre

Die beiden letzten Jahrzehnte im Leben Mutter Teresas waren geprägt von einer zunehmenden Rastlosigkeit und einer Verschlechterung ihres Gesundheitszustands. Mit unglaublicher Energie unternahm sie Reisen, die sie in die entferntesten Winkel der Welt führten. Durch neue Niederlassungen Zeichen der Liebe Gottes zu den Armen zu setzen, das war ihr erklärtes Ziel. Pater Michael beschrieb ihre Schaffenskraft: «Mutter brachte eines Tages eine Landkarte von Europa mit und breitete sie vor mir aus. Zu dieser Zeit war die Sowjetunion noch nicht

Mutter Teresa und der CDU-Ministerpräsident von Rheinland-Pfalz, Bernhard Vogel (rechts neben ihr), beim Gebet auf dem Deutschen Katholikentag in Freiburg, 13. September 1978

zersplittert, und halb Europa war unter kommunistischer Herrschaft, und es war Missionaren nicht erlaubt, dort als Missionare einzureisen. Doch Mutter fuhr einfach mit dem Finger von Land zu Land und sagte: Frankreich, hier sind wir. Deutschland, hier sind wir. Österreich, hier sind wir. Ungarn, noch nicht. Bulgarien, noch nicht. […] Sie war ganz ernsthaft davon überzeugt, dass in jedem Land der Welt ein Tabernakel (womit eine Niederlassung gemeint war) eröffnet werden soll. Mutter hatte eine große Vision von dem, was sie ihrem Herrn und Gott schenken wollte.»[178]

1980 entstand so ein erstes Zentrum in Rom, 1983 eines in Karl-Marx-Stadt/Chemnitz, weitere folgten in ganz Europa, vor allem für die Versorgung obdachloser Frauen. Im August 1982 wagte sich Mutter Teresa sogar in das libanesische Kriegsgebiet und notierte in ihr Tagebuch: *Am Donnerstag waren die Bombenangriffe schrecklich. An diesem Abend entzündete ich eine Osterkerze. Seitdem ist es ruhig. Wir gingen hinüber und*

Wartende vor der Armenküche bei den Mutter-Teresa-Schwestern in Rom, 1997

brachten 38 verkrüppelte und geistig behinderte kleine Kinder. In der letzten Nacht erlosch die Kerze.[179]

Lange Zeit schien es so, als verfügte Mutter Teresa über grenzenlose Arbeitskraft, Dynamik und Energie. Am 2. Juni 1983 aber musste auch sie die Grenzen ihrer Physis erleben. Während einer Konventssitzung in Rom erlitt sie einen Zusammenbruch. Im Salvator-Mundi-Hospital wurden schwere Herzprobleme diagnostiziert und behandelt. Aus aller Welt kamen Genesungswünsche. US-Präsident Reagan schickte Blumen, das belgische Königspaar kam persönlich ans Krankenbett, und Papst Johannes Paul II. bat Mutter Teresa dringend, sich selbst mehr zu schonen: «Die gesamte Welt braucht dich, also gestatte dir eine Pause!»[180]

Sobald sie aus dem Krankenhaus entlassen war, nahm sie aber wieder die Strapazen langer Reisen auf sich. 1985 reiste sie nach China, 1986 – gegen den anfänglichen Willen von Kaiser Haile Selassie – nach Äthiopien, wo sie sich mit dem sozial engagierten britischen Rocksänger Bob Geldof traf. In seiner Autobiographie «Is That It?» schrieb Geldorf ein Jahr später: «Es gab keine falsche Freundlichkeit an ihr, dafür eine Entschlossenheit, die sie nicht gerade zu einer sehr geduldigen Frau machte. Aber sie war absolut selbstlos.» Seiner Erinnerung nach habe sie ihm eingeschärft: «Merk dir Folgendes. Ich kann etwas tun, was du nicht kannst. Und du kannst etwas tun, was ich nicht kann. Aber wir beide müssen es tun!»[181]

Bei Mutter Teresas Afrikareise 1986 war es zu einem schrecklichen Unglück gekommen. Sie war im Sudan gewesen und hatte dort Karthum, danach Daressalam und Dodoma in Tansania besucht. Als ihr Flugzeug zur Rückreise starten wollte, raste es in eine Zuschauermenge und tötete drei Kinder, einen Heimleiter und eine Schwester.[182] Mutter Teresa äußerte große Betroffenheit, setzte aber die Reise fort.

Am 8. September 1989 – nach einer Reise zu den Erdbebenopfern von Armenien – erlitt Mutter Teresa eine weitere Herzattacke und wurde längere Zeit im indischen Woodlands-Hospital behandelt. Dabei setzte ihr der römische Arzt Dr.

Vincenzo Bilotti einen Herzschrittmacher ein. Premierminister Rajiv Gandhi kam persönlich zu Besuch, und wiederum mahnte sie Papst Johannes Paul II. zu mehr Ruhe. Auf einen Brief von Frère Roger von Taizé antwortete sie: *Eine sehr gute Sache war die Frucht meiner Krankheit – dass die ganze Welt zu demselben Gott betet, dass er mich gesund mache!*[183]

Als kurz darauf eine Flutkatastrophe in Bangladesch 30 000 Tote forderte, verließ sie auf eigene Verantwortung das Krankenhaus, um in die Elendsgebiete zu reisen. Am 28. März 1990 traf sie in Palästina mit Yassir Arafat zusammen, der sie bat, Sterbeheime in Jerusalem und Bethlehem zu eröffnen. Auch aus Kuba und dem Irak kamen ähnliche Ersuchen. Nachdem Michail Gorbatschow Mutter Teresa lange Zeit ignoriert hatte, wurde ihr nun auch erlaubt, in Russland und in anderen Ostblockstaaten erste Hilfsstationen einzurichten. Besonders ergriffen war sie, als erste Niederlassungen in ihrem Heimatland Albanien eröffnet werden konnten: *Ich fühle, dass Jesus und Maria von mir wollen, dass ich in dieser Zeit Kirchen eröffne im Land Albanien, in dem die Liebe Gottes so viele Jahre lang zurückgewiesen wurde und die Menschen geistig verhungerten.*[184]

Aufgrund ihrer angegriffenen Gesundheit dachte Mutter Teresa Ende der 1980er Jahre daran, wenigstens die organisatorische Leitung ihres Ordens abzugeben. Am 11. April 1990 wurde das entsprechende Rücktrittsgesuch vom Papst bewilligt. Doch die eigenen Ordensleute machten ihr einen Strich durch die Rechnung und wählten die Achtzigjährige erneut zur Generaloberin. In diesem Jahr zählte der Orden über 3000 Schwestern, 500 Brüder und drei Millionen freiwilliger Mitarbeiter in aller Welt. Um ihnen nahe zu sein, war Mutter Teresa nun fast pausenlos unterwegs. 1991 reiste sie nach Washington und traf US-Präsident George Bush sen. Beim anschließenden Treffen mit Schwestern in Los Angeles holte sie sich allerdings eine Lungenentzündung und musste stationär behandelt werden. 1992 folgte eine Reise nach Rom, wo sie stürzte und sich Rippenbrüche zuzog. Trotz ihrer schweren Beeinträchtigung setzte sie ihre Reise nach Irland fort. Ein wenig sarkastisch kommentierte Pater van Exem die öffentlichkeitswirksamen Auftritte seiner Vertrauten: «Die Bischöfe und Kardinäle sind glücklich, denn wenn sie bei einem Gottesdienst oder einer Amtshandlung eine Menschenmenge brauchen, dann laden sie Mutter Teresa ein!»[185]

Im Herbst 1993 musste sich Mutter Teresa erneut einer Herzoperation in Neu-Delhi unterziehen, doch nach kurzer Rekonvaleszenz folgten Reisen nach Schanghai, Rom, Polen und Washington, wo sie wegen einer heftigen Rede gegen die Abtreibung den deutlichen Unmut des Auditoriums provozierte. 1995 brach sie schon wieder nach China und Vietnam auf. *Sollte es auf dem Mond Arme geben, werden wir auch dorthin gehen!*[186], kommentierte Mutter Teresa kurz angebunden ihre ungebrochene Reiselust. In aller Welt Menschen zu sozialem und religiösem Engagement zu motivieren, das sollte immer mehr zur Triebfeder ihrer letzten Lebensjahre werden. Als sie auf einer ihrer Reisen mit Roger Schutz, dem Prior der ökumenischen Bruderschaft von Taizé, zusammentraf, formulierte

Roger Schutz, der Prior von Taizé, und Mutter Teresa auf dem Katholikentag in Freiburg, September 1978

sie gemeinsam mit ihm das Gebet: *Gott, Vater jedes Menschen, du bittest alle, Liebe dorthin zu tragen, wo Arme erniedrigt werden, Versöhnung dorthin, wo die Menschen uneins sind, Freude dorthin, wo die Kirche erschüttert ist [...]. Du bahnst uns diesen Weg, damit wir Sauerteig der Gemeinschaft in der ganzen Menschheitsfamilie sind.*[187]

Mutter Teresas Unrast der letzten Jahre konnte gespenstische Ausmaße annehmen. Im Frühjahr 1996 brach sie sich bei einem Sturz das Schlüsselbein. Noch mit einem Arm in der Schlinge begab sie sich wieder auf Reisen: Nordamerika, Rom, Irland standen auf dem Programm. Im September 1996 folgte eine Reihe weiterer Zusammenbrüche. Nur durch eine Elektroschockbehandlung und mehrere Operationen an den Koronararterien wurde sie ins Leben zurückgeholt. Wegen Atemnot und pausenloser Rückenschmerzen war jetzt an eine Fortführung der Amtsgeschäfte nicht mehr zu denken. Die Folgen eines chronischen Nierenleidens, einer verschleppten Malaria, eines Blutgerinnsels im Gehirn und der Biss eines tollwütigen Hundes taten ein Übriges. Dennoch reiste Mutter Teresa weiter von Niederlassung zu Niederlassung.

Am 13. März 1997 wurde Sr. Nirmala Joshi zur neuen Generaloberin des Ordens gewählt. Sie war Spross einer hinduistischen Offiziersfamilie, ehe sie mit 24 Jahren Katholikin wurde, Jura und Politologie studierte und in den Orden Mutter Teresas eintrat. Die ursprünglich als ihre Nachfolgerin vorgesehene Sr. Agnes starb am 9. April 1997 unter schweren Schmerzen an Krebs. Der Sorge, ob es auch ohne Mutter Teresa einen guten Orden der «Missionaries» geben würde, hatte die Gründerin schon 1979 nach ihrer ersten Herzattacke eine Abfuhr erteilt: *Gott wird einen anderen Menschen finden, viel demütiger, viel aufopfernder, viel folgsamer, und die Gemeinschaft wird weiterleben.*[188]

Am 16. Mai 1997 reiste Mutter Teresa noch einmal nach Rom, um Sr. Nirmala dem Papst vorzustellen und ihren Vertrauten Karol Wojtyła ein letztes Mal zu sehen. Der deutsche Kardinal Joachim Meisner kommentierte das Verhältnis der beiden so: «Zwischen Johannes Paul II. und Mutter Teresa hat

Mutter Teresa und ihre Nachfolgerin Schwester Nirmala
am 13. März 1997

es in Glaubensdingen nie irgendeine Dissonanz gegeben. Ihre jeweilige Art der Frömmigkeit, die gelebte Gottesnähe waren sich sehr ähnlich.»[189]

Auf dieser Reise musste sie schon ein Sauerstoffgerät benutzen. Das hinderte sie nicht, nochmals in die USA zu fliegen, um mit Prinzessin Diana von Wales zusammenzutreffen. Dass diese vielfältigen Aktivitäten ihre inneren Kämpfe und Verwerfungen zwar übertönen, bis zum Tod aber nicht auslöschen konnten bestätigt einer von Mutter Teresas letzten Brief- und Gesprächspartnern, Bischof William G. Curlin aus Washington: «Durch all die Jahre meiner Freundschaft mit Mutter Teresa teilte sie mir ihre spirituelle Trockenheit mit, die ihre Arbeit als eine ‹Missionary of Charity› begleitete.»[190]

Tod und Staatsbegräbnis

Nach ihrer Rückkehr aus den Vereinigten Staaten waren die körperlichen Kräfte Mutter Teresas erschöpft. Trotz medizinischer Betreuung litt die Siebenundachtzigjährige immer stärker an Herzproblemen, an Atemnot, Rückenschmerzen, Nierenschmerzen sowie an Gicht an Händen und Füßen. Sie war sehr niedergeschlagen über ihre nachlassende Schaffenskraft, wie sich eine Schwester erinnerte: «Mutter Teresa litt stark, nicht nur am Körper, sondern auch in ihrem Geist. Sie sah traurig und niedergeschlagen aus. Für diejenigen, die sie

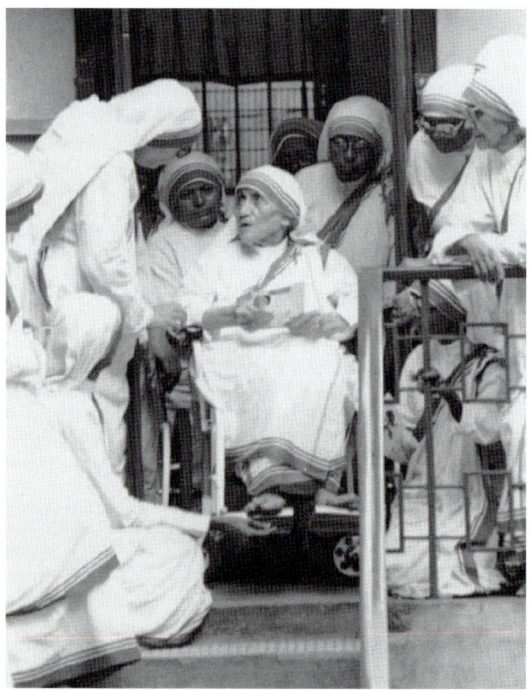

Mutter Teresa im Kreis von Ordensschwestern, 1997

seit Jahren kannten, war klar, dass ihr Geist dicke Wolkenwände durchdrang und dass der Teufel versuchte, aus diesem günstigen Moment seinen Vorteil zu ziehen. […] Nach all den Mühsalen und Opfern, die Mutter Teresa seit Jahren für ihren geliebten Bräutigam ertragen hatte, hätte man ein gelasseneres und ruhigeres Ende erwartet.»[191]

Am 5. September 1997 konnte sie am Morgen noch aufstehen, die Messe feiern, mit einigen Armen sprechen und an der Ratsversammlung der Schwestern teilnehmen. Entgegen ihrer Gewohnheit zog sie sich aber bald wieder auf ihr Zimmer zurück und versuchte zu schlafen, was ihr wegen ihrer Rückenschmerzen nicht gelang. Sie telefonierte, schrieb Briefe und sprach noch kurz mit dem indischen Filmstar Shashikala. Am Nachmittag konnte sie keine Besuche mehr empfangen und klagte über Atemnot. Gegen Abend setzte der Todeskampf ein. Der Konvent versammelte sich um sie herum, Priester ihres Ordens spendeten ihr das Sakrament der Krankensalbung. Der Tod nahm sie gegen 20.30 Uhr aus dieser Welt.

Staatsbegräbnis für Mutter Teresa: Soldaten der indischen Armee halten Mahnwache in der St.-Thomas-Kirche in Kalkutta, 11. September 1997

Der Leichnam Mutter Teresas wird am 13. September 1997 in das Mutterhaus überführt, wo sie begraben wird.

Trotz ihres hohen Alters löste der Tod Mutter Teresas weltweite Bestürzung aus. Kondolenzschreiben und Blumengebinde türmten sich zu Bergen, und das einzige Telefon des Mutterhauses läutete unaufhörlich. Die indische Regierung ordnete ein Staatsbegräbnis an. Der Körper Mutter Teresas wurde einbalsamiert und eine Woche lang in der St.-Thomas-Kirche von

Kalkutta öffentlich aufgebahrt. Zum Begräbnis trafen Hunderte von Sonderzügen und 27 Sonderflüge aus Neu Delhi in Kalkutta ein. Der Sarg wurde von Armeeoffizieren getragen und unter Salutschüssen mit der indischen Nationalflagge bedeckt. Er wurde in derselben Staatskarosse gefahren, in der schon die sterblichen Überreste Mahatma Ghandis und Nehrus geruht hatten. Die Trauerfeier, an der Hunderttausende Anteil nahmen, fand im Natajee-Stadion statt. Aus Rom waren Kardinalstaatssekretär Angelo Sodano, sechs Kardinäle und mehrere Erzbischöfe angereist. Sodano hieß die «Mataji» in seiner kurzen Ansprache «willkommen im Paradies». Der Schluss war still. Drei Stunden nach dem Staatsakt wurde Mutter Teresa in die Gruft des Mutterhauses gebracht. Die letzten Zeremonien gehörten allein der Gemeinschaft.

«Lieben, bis es wehtut ...»
Die Wirkungsgeschichte

Mutter Teresas Wirken hat bereits zu ihren Lebzeiten weltweite Anerkennung erfahren. Unter ihren bedeutendsten Auszeichnungen finden sich der Ramon Magsaysay Award (1962), der Templeton-Preis (1973), der Balzan-Preis (1978), der Friedensnobelpreis (1979), der Bharat Ratna (1980) und die Ehrenbürgerschaft der Vereinigten Staaten (1996). Nach ihrem Tod wurde sie in einem Eilverfahren von Papst Johannes Paul II. selig gesprochen und von Papst Benedikt XVI. in seiner Enzyklika «Deus caritas est» lobend erwähnt als Beispiel dafür, dass Spiritualität das soziale Engagement inspirieren kann.

Statue Mutter Teresas in einem Park vor dem Dom na Arm in Skopje, 2009

In Albanien wird der Tag ihrer Seligsprechung als Nationalfeiertag begangen, Behörden und Schulen bleiben geschlossen. Die Regierung des kleinen Balkanstaats hat sogar einen «Mutter-Teresa-Orden» gestiftet. Außerdem erhielt im Jahr 2003 der Flughafen von Tirana den Namen von Mutter Teresa, die erst im Alter zur Vielfliegerin wurde. In Skopje steht ein Denkmal in der Nähe des vor langer Zeit abgerissenen Geburtshauses, weitere Denkmäler finden sich in Mazedonien, im Kosovo und in Südserbien.

Die «Missionaries of Charity», die weiblichen und männlichen Mitglieder von Mutter Teresas Orden, arbeiten mit unveränderter Leidenschaft. Seit 2009 wird der Orden von einer Deutschen, Sr. Mary Prema Pierick, geleitet. Sr. Mary wurde 1954 als Mechthild Pierick im westfälischen Reken geboren und trat mit 27 Jahren in den Orden Mutter Teresas ein. In ihren Händen liegt die Zukunft einer geistlichen Gemeinschaft, die ständig in Bewegung ist. Angaben zur zahlenmäßigen Größe des Ordens sind schwierig, da ständig neue Niederlassungen gegründet und andere aufgegeben werden. Einigermaßen zuverlässig dürfte eine Schätzung sein, wonach Ende 2009 rund 5000 Schwestern und Brüder in 134 Ländern der Erde Dienst tun und sich etwa 750 Krankenhäuser, Waisenhäuser, Schulen, Asyle und Sterbeheime auf den Namen Mutter Teresas berufen. Unterstützt werden die hauptamtlichen Kräfte von rund 100 000 ehrenamtlichen Helfern.

Das Ideal der eigenen Armut ist bei den «Missionaries» nach wie vor lebendig, wenngleich in der medizinischen Versorgung Neuerungen und Modernisierungen eingeführt wurden. Als großherzige Spender den «Sisters» in Venezuela kleine Häuser mit Kühlschrank und Bad überließen, machten diese in alter Gewohnheit die Häuser zu Unterkünften für Sterbende und zogen selbst in einfache Lehmhütten. Ähnlich arbeiten Schwestern und Mönche heute auf den Philippinen, auf Haiti, in Äthiopien, im Jemen, in Guatemala und Mexiko. Schon zu Mutter Teresas Lebzeiten stand fest, dass es Arme auch in den entwickelten Ländern gab. Mutter Teresa reagierte immer zurückhaltend, wenn allzu viele Freiwillige zu ihr nach

Schwester Mary Prema, die neugewählte Leiterin der «Missionaries of Charity», am 27. März 2009

Kalkutta kommen wollten. Stattdessen schrieb sie: *Ich möchte von Ihnen, dass wir uns umsehen, und wenn wir in unserer eigenen Familie Arme sehen, dass wir zu Hause anfangen zu lieben, bis es wehtut.*[192]

So arbeiten «Missionaries» heute mit geistig Behinderten in Rotterdam, mit Aids-Kranken in der New Yorker Bronx, mit Strafgefangenen in Los Angeles. In London richteten sie Suppenküchen und Wärmestuben für Obdachlose ein, am Münchner Hauptbahnhof machten sie sich auf die Suche nach Obdachlosen und jungen Ausreißern. Auch in anderen vermeintlich reichen Städten des Westens gibt es Armut, vor der viele die Augen verschließen. In Zürich, Hamburg und Berlin haben sich «Missionaries» niedergelassen, verteilen Lebensmittel, aber geben auch menschliche Zuwendung, Anerkennung und führen vermittelnde Gespräche. Auf dem Gelände des Vatikans errichteten sie ein Heim für römische Obdachlose und in der Nähe von Tschernobyl eines für strahlengeschädigte Opfer. Seit die «Missionaries» 1979 die Genehmigung bekamen, in kommunistische Länder zu gehen, engagierten sie sich in Russland, in Rumänien, auf Kuba und in China. Dass diese Zusammenarbeit nicht immer konfliktfrei ablaufen konnte, liegt auf der Hand. Von Behördenwillkür und Ausweisungen kann auch der Orden ein Lied singen.

Die Ordensbrüder, die bis heute ohne Ordenstracht leben, arbeiten vor allem in gewaltbereiten Milieus. Sie kümmern sich um Alkoholiker, Drogensüchtige und junge Kriminelle.

Mutter Teresas Gemeinschaft war eine der ersten Einrichtungen innerhalb der katholischen Kirche, die sich dem – lange verdrängten – Problem Aids stellte. 1985 eröffneten die «Missionaries» in New York ihr erstes Haus für Aids-Kranke. Mittlerweile gibt es solche Häuser in Washington, Baltimore, Atlanta, San Francisco, in Brasilien, Indien, Spanien, Portugal, auf Haiti und in vielen afrikanischen Ländern.

Ihrer eigenen rigiden Sexualmoral zum Trotz wies Mutter Teresa die in kirchlichen Kreisen weitverbreitete Vorstellung, Aids sei eine Strafe Gottes, entschieden zurück: *Niemand soll ein solches Urteil abgeben. Das ist ein Geheimnis Gottes. Ich glaube, dass Gott uns mit AIDS etwas sagt, dass er uns Gelegenheit gibt, unsere Liebe zu zeigen.*[193]

Kritische Einwände gegen das Werk Mutter Teresas

Das Werk Mutter Teresas hat zu Lebzeiten und nach ihrem Tod Bewunderung, ja Verehrung, aber auch Kritik erfahren. Herkunft, Fundierung und Motivation der kritischen Stimmen waren dabei sehr unterschiedlich. Im Wesentlichen folgen die Argumente drei Linien.

Ein erster, oft wiederholter Vorwurf lautet, Mutter Teresas Werk habe nur die schlichte Missionierung, nicht wirkliche Gesellschaftsveränderung zum Ziel. Tatsächlich hat sie selbst immer betont, sie sei Nonne und Missionarin, keine Sozialreformerin, schon gar keine Politikerin. Gescheites Dahinreden hat noch keinen Sterbenden aus dem Rinnstein geholt, das wäre ihre Antwort gewesen. Trotzdem mehrten sich auch in Indien Stimmen, die ihr zwar große soziale Empathie, aber auch politische Naivität bescheinigten. Die Projekte der «Missionaries of Charity» würden nur einzelne Symptome gesellschaftlicher Ungerechtigkeit angehen, nicht aber deren Ursachen bekämpfen. Tatsächlich sind von Mutter Teresa nur sehr vereinzelt gesellschaftskritische Aussagen zu verzeichnen. *Ich habe keine Zeit, über große Programme nachzudenken. Mich interessieren die Gesellschaftsstrukturen nicht*[194], soll sie mehrfach geäußert haben. Provozierend auch ihre Äußerungen zum Chemieunglück in der indischen Industriestadt Bhopal, wo aufgrund von Geldgier, Schlamperei und mangelhaften Sicherheitsvorkehrungen Tausende Menschen Leben und Gesundheit verloren. Kein kritisches Wort gegenüber der US-amerikanischen Betreiberfirma Dow Chemical oder gegenüber den Behörden, sondern nur die litaneiartige Beschwörung, die Angehörigen mögen *vergeben, vergeben, vergeben!*[195].

Während Mutter Teresa das Elend der Welt allein auf persönliche Sündhaftigkeit Einzelner und deren Hang zu Egoismus, Besitzgier und Gleichgültigkeit zurückführte, griff sie nur selten sozialethische Themen auf: *Armut ist eine Schöpfung von dir und mir, das Ergebnis unserer Weigerung, mit anderen zu teilen. Gott hat die Armut nicht erschaffen, er schuf nur uns. Das Problem wird auch nicht gelöst sein, bis wir fähig werden, unsere Habgier aufzugeben.*[196] Auf die provozierende Frage, ob es nicht besser sei, Angelruten an die Armen zu verteilen als Fisch, entgegnete sie: *Die meisten meiner Schützlinge sind zu schwach, um Angelruten halten zu können!*[197]

Umso erstaunlicher, dass sie an einer Stelle doch die Bedeutung von gesellschaftsverändernden Maßnahmen deutlich akzeptierte: *Für uns braucht dieser Einzelne eine Unterkunft. Ich glaube, dass unsere Aufgabe darin erfüllt wird. Und indem wir unseren Teil erledigen, werden viele Menschen angeregt, sich um den anderen Teil zu kümmern: die Lage der Menschen zu bessern und ihnen zu helfen und die Armut und den Hunger und die Nacktheit zu beseitigen.*[198]

Ein zweiter Kritikpunkt lautet: Mutter Teresa lässt sich von der politischen Rechten instrumentalisieren. Von Mutter Teresas Freundschaft zu Indira Gandhi war schon die Rede, auch davon, dass sie zu den zahlreichen Menschenrechtsverletzungen während der Zeit des Ausnahmezustands in Indien keine Stellung bezog. Ebenso wenig zu den schmutzigen Kriegen, die während der Präsidentschaft Ronald Reagans von den Vereinigten Staaten geführt wurden. Aber auch, dass sie Orden und Ehrungen angenommen habe von Tyrannen wie Haitis Jean-Claude «Baby Doc» Duvalier, wurde scharf moniert. Die Kritik an Mutter Teresas politischer Naivität wurde erstmals in der britischen Dokumentation «Hell's Angel» von Christopher Hitchens (1994) und seinem Buch «The Missionary Position» (1995) geäußert. Auch Aroup Chatterjees Buch «The Final Verdict» greift diese Vorwürfe auf.

Unabhängig von unglücklichen Einzelaktionen Mutter Teresas wurde Ende der 1990er Jahre die Frage aufgeworfen, ob der internationale Bekanntheitsgrad Mutter Teresas nicht grundsätzlich als Ergebnis einer geplanten Medienstrategie der politischen Rechten interpretiert werden müsse. «Ohne ihn hätte die Welt vielleicht nie von Mutter Teresa erfahren», schrieb etwa die «Catholic Times» am 12. Oktober 1997 über Malcolm Muggeridge, einen ultrakonservativen englischen Journalisten. Sein Interesse an Mutter Teresa begann mit einem BBC-Interview im Jahr 1968. Ein Jahr später produzierte er mit Regisseur Peter Schafer die vielbeachtete Filmdokumentation «Something Beautiful for God», der ein internationaler Buchbestseller gleichen Titels folgte.

Mutter Teresas undifferenzierte Ablehnung jeglicher Verhütung und Abtreibung habe sie zur Vertreterin eines reaktionären Frauenbilds und zum Flaggschiff der politischen Rechten gemacht, so wird ihr vorgeworfen. Tatsächlich waren Mutter Teresa Themen wie Bevölkerungsexplosion und Geburtenkontrolle innerlich fremd. Kinder sind Geschenke Gottes und die Kontinente prinzipiell reich genug, um alle ernähren zu können. *Es kann nie genug von ihnen geben*[199], äußerte sie wiederholt und verurteilte mit drastischen Worten jede Form von Ehescheidung, künstlicher Empfängnisverhütung und Abtreibung: *Man tötet nicht nur Leben, sondern stellt sein eigenes Ich über Gott. Menschen entscheiden, wer leben und wer sterben soll. Sie wollen sich selbst zum allmächtigen Gott machen. [...] Mir scheint, dass man den Schrei jener Kinder hören kann, die ermordet wurden, bevor sie auf der Welt erschienen, einen Schrei, der vor dem Thron Gottes wiederholt wird!*[200]

Diese rigide und undifferenzierte Position zu sexualethischen Fragen habe die amerikanische Rechte auf Mutter Teresa aufmerksam gemacht und die Strategie reifen lassen, sie im Kampf gegen Liberalismus und Aufklärung zur Vorzeigeheiligen des 20. Jahrhunderts zu stilisieren. In mehreren Internetartikeln wird vor allem Malcolm Muggeridge vorgeworfen, vom US-amerikanischen «Congress for Cultural Freedom», einer «CIA-Organisation, die in Europa eine pro-amerikanische Gegenkultur zum Kommunismus etablieren sollte», bezahlt gewesen zu sein.[201] In der Folge sei Mutter Teresa durch gezielte Pressekampagnen von einer unbekannten albanischen Nonne zur international hofierten «Medienheiligen» (Christopher Hitchens) avanciert. Nach dieser Darstellung sei auch der Nobelpreis Ausdruck geplanter Kampagnen: «Nach zwei gescheiterten Anläufen wurde ihr der Nobelpreis 1979 als Ergebnis einer gut finanzierten Kampagne verliehen»[202] (Erik Möller).

Unter dem Gesichtspunkt der starken Nähe zur US-amerikanischen Rechten ist auch die «Affäre Keating» zu sehen. Charles H. Keating jr., Amerikas prominentester Anti-Pornographie-Kämpfer und Gründer der fundamentalistischen Organisation «Citizens for Decency of the Law», hatte Mutter Teresa 1989 eine Millionenspende überwiesen. Später stellte sich heraus, dass Keating das Geld mit Betrügereien bei kleinen Leuten ergaunert hatte. Ein Gericht verurteilte ihn zu zwölf Jahren Gefängnis und bat Mutter Teresa, das Geld zurückzugeben. Der gerichtlichen Bitte kam Mutter Teresa offenbar nie nach, machte dafür aber ihren ganzen Einfluss geltend, Keating vor einer Haftstrafe zu bewahren. Der «Stern» spekulierte damals, die Millionen seien längst auf den Konten des Vatikans gelandet.

Der dritte Vorwurf, dem sich Mutter Teresa bereits zu Lebzeiten ausgesetzt sah, lautet, die «Mutter der Armen» instrumentalisiere die Armut ihrer Schützlinge für ihre eigenen ideologischen Zwecke. Indische Autoren wie der aus Kalkutta stammende Mediziner Aroup Chatterjee behaupten, das gesamte Wirken Mutter Teresas sei aus ideologischen Gründen maßlos übertrieben dargestellt und die Zahlen des Ordens seien nie seriös überprüft worden. So schätzte er die Zahl derer, die in Kalkutta täglich mit Essen versorgt wurden, auf etwa 300, der Orden publizierte Zahlen zwischen 4000 und 9000. Chatterjee beklagte in seinem Buch generell, dass seine Heimatstadt einem Schwarz-Weiß-Denken westlicher Medien zum Opfer gefallen sei: «In den drei Jahren, in denen ich im Westen lebte, war mir bewusst geworden, dass der Name Kalkuttas in den Augen der Welt zu einem Synonym für die schlimmsten Formen menschlichen Leidens und der Verelendung geworden war. Ich las und hörte immer wieder von einer unendlichen Zahl von Bettlern, Toten und Sterbenden.

Frauen aus den Slums von Kalkutta warten auf die Essensverteilung durch die «Missionaries of Charity», 1979

Jedoch, so hörte man, aufmerksame Engel in der Tracht einer bestimmten Nonne würden sich ihrer annehmen. In ihren hübschen Ambulanzwagen würden sie diese Menschen auflesen. In meinen siebenundzwanzig Jahren in Kalkutta habe ich niemals eine solche Szene gesehen, auch sonst niemand, den ich kenne. Es verletzt mich tief, dass ein so falsches Stereotyp sich weltweit in das allgemeine Bewusstsein eingeprägt hat!»[203]

Der britische Arzt Jack Preger – der eng mit Mutter Teresa zusammengearbeitet hatte – moniert, dass Mutter Teresa bewusst auf professionelle medizinische Behandlung in den Sterbehäusern verzichtete, Schmerz- und Betäubungsmittel extrem sparsam einsetzte und modernes medizinisches Gerät oft ablehnte, obwohl es kostenlos angeboten worden war.[204]

Auch Chatterjee schlägt in diese Kerbe und behauptet, in den Kliniken würden Spritzen aus Sparsamkeitsgründen so oft verwendet, bis sie stumpf seien. Moderne Hygienevorschriften würden nur selten beachtet. Zudem habe besonders in den Sterbehäusern kaum medizinisch ausgebildetes Personal zur

Verfügung gestanden. Heilbare Patienten seien zumindest in der Frühzeit des Ordens nicht in entsprechende Kliniken überstellt worden, sondern unter den Sterbenden verblieben. Die mangelnden Hygienevorschriften führten nicht selten zu Infektionen der Schwestern und Brüder, die bei ihrer Arbeit nicht einmal Handschuhe tragen durften. Gemäß der Leidenstheologie Mutter Teresas aber bedeuten Infektionen eine stärkere Identifikation mit dem Armen und mit Christus am Kreuz[205]: *Wenn ihr Striemen und Wunden der Armen behandelt, dürft ihr nie vergessen, dass es die Wunden Christi sind!*[206]

Dr. Robin Fox, Chefredakteur der britischen Medizinzeitschrift «The Lancet», beschrieb in der Ausgabe vom 17. September 1994 seine Erfahrungen in einem Heim Mutter Teresas: «Untersuchungen, wurde mir gesagt, sind selten erlaubt. Wie wäre es mit einfachen Algorithmen, mit denen Schwestern und Freiwillige die Heilbaren von den Unheilbaren unterscheiden können? Wieder nein. Solche systematischen Ansätze sind dem Ethos der Heime fremd. Mutter Teresa bevorzugt die Vorsehung der Planung, ihre Regeln sollen eine Strömung in Richtung Materialismus verhindern.»[207]

Kann man – wie Christopher Hitchens – aufgrund dieser Positionen kritisch fragen, ob die Leidenden der Dritten Welt bei Mutter Teresa nicht manchmal als «Anschauungsmaterial für Barmherzigkeit» gedient haben? Dem wird vonseiten des Ordens entgegengehalten, dass sich Ärzte und Kliniken oftmals weigerten, die hochansteckenden Patienten überhaupt zu behandeln. In den Sterbehäusern würden Ärzte freiwillig Dienst tun, auch viele Ordensleute hätten eine pflegerische und medizinische Ausbildung erhalten. Eine von vier Ordensschwestern, die in Kalkutta als Ärztinnen Dienst tun, ist die Deutsche Sr. Andrea. Sie stieß 1959 als erste Ausländerin zu Mutter Teresas Orden.

Der vierte Strang der Kritik richtete sich gegen den Führungsstil Mutter Teresas. Sie leite – so der Vorwurf – ihren Orden autoritär und in Finanzdingen undurchsichtig. Dass Mutter Teresa einen Orden haben wollte, der die «Evangelischen

Räte» der Armut und des Gehorsams noch radikaler lebte als andere asketische Gemeinschaften, dürfte jeder Novizin klar gewesen sein, die eintreten wollte. Dass die Härte der tagtäglichen Praxis dann doch manche überfordert hat, darf nicht verwundern. Eine Mitschwester erzählt: «Mutter bettelte bei verschiedenen Missionen, bei Freunden, bei jedermann. Sie lebte beinahe selbst auf der Straße. Wir gebrauchten die billigste Seife, die zu bekommen war. Wir meinten, Waschpulver sei etwas für die Reichen. [...] Es war hart. Aber sie wollte, dass es hart war. Sie wollte es nicht leicht haben.»[208]

Anstoß wurde aber nicht nur am immer autoritäreren Führungsstil Mutter Teresas genommen, sondern auch an der undurchsichtigen Finanzverwaltung des Ordens, die kaum hinreichenden Aufschluss über die Verwendung der üppigen Spendengelder – immerhin geschätzte 50 bis 100 Millionen Dollar im Jahr[209] – gegeben hat. Mutter Teresa weigerte sich tatsächlich lange – aus Zeitgründen, wie sie sagte –, eine reguläre Buchführung einzuhalten, wozu sie auch nach indischem Recht verpflichtet gewesen wäre. Sogar die Anlage eines Bankkontos lehnte sie in der Frühphase des Ordens ab. In einigen Niederlassungen, zum Beispiel in Papua-Neuguinea, werde – so weitere Vorwürfe – Spendengeld nicht für Armenspeisung und Krankenpflege, sondern ausschließlich für Missionierungen ausgegeben. Die deutsche Zeitschrift «Stern» fragte am 10. September 1998 in einem kritischen Artikel von Walter Wüllenweber: «Nehmen ist seliger denn geben. Mutter Teresa: Wo sind Ihre Millionen?»

Unter dem Gesichtspunkt fragwürdiger Mitteleintreibung ist auch eine Auseinandersetzung der «Missionaries» und ihres deutschen Zweigvereins «pro infante» mit dem Kinderhilfswerk «Terre des Hommes Deutschland e. V.» im Jahr 1999 zu sehen. «Terre des Hommes» hatte Mutter Teresas Heimen vorgeworfen, undurchsichtige Auslandsadoptionen durchzuführen, behinderte Kinder mit falschen Attesten auszustatten oder Kinder als Vollwaisen auszugeben, deren Väter oder Mütter in Indien tatsächlich noch lebten.

Würdigung und Bewertung

Mutter Teresa wusste, dass der Erfolg ihrer Ordensarbeit stark von ihrer Wahrnehmung durch die öffentliche Meinung abhing. Nach anfänglicher Scheu und Unsicherheit wusste sie das Instrument der Medien immer besser zu bedienen. Manche Biographen bezeichneten sie deshalb als «medienfreundlichste Nonne der Kirchengeschichte»[210]. Ihr ärgerliches Grummeln über die Verfolgung durch die Presse war weit vor dem Friedensnobelpreis zur Pose geworden. Im Gegenteil, sie umgab sich gern mit willfährigen Publizisten und Filmemachern und diktierte ihnen ihre Ansichten in die Notizbücher. Eine ganze Reihe von Autoren verweist auf persönliche Beziehungen zum Objekt ihrer – mehr oder minder objektiven – Darstellungen: Malcolm Muggeridge, Renzo Allegri, Edward LeJoly, James McGovern, Desmond Doig, Eileen Egan, Navin Chawla, David Porter, Kathryn Spink und viele andere mehr.

Auch die vielen Bücher, die unter Mutter Teresas Namen publiziert wurden, stammen im eigentlichen Sinn nicht von ihr, sondern sind weitgehend Zitatsammlungen ihrer Hofpublizisten. Viele Publikationen über sie können kaum wissenschaftlichen Anspruch erheben, weil sie in hagiographischer Absicht geschrieben wurden. Was immer Mutter Teresa auch tat, alles wurde im Hinblick auf eine spätere Heiligsprechung interpretiert und überhöht. Mutter Teresa wurde zur Glaubensikone stilisiert, zur lebenden Heiligen, zur «mächtigsten Frau der Welt» (UN-Generalsekretär Pérez de Cuéllar). Der Friedensnobelpreis von 1979 markierte den Höhepunkt dieser hypertrophen, von Instrumentalisierungen unterschiedlichster Art begleiteten Wahrnehmung.

Von den 1990er Jahren an mehrten sich dann aber auch kritische Stimmen – Stimmen, die teilweise nachvollziehbar auf Missstände und Widersprüche im Werk Mutter Teresas hinwiesen, an anderen Stellen aber aus ideologischen Gründen eine völlig überzogene Totaldemontage ihrer Person betrieben. Mutter Teresa wurde von dieser – oftmals generell religions- und kirchenkritischen – Seite als autoritäre und starrsinnige Ordensoberin, als medien- und geldgierige Marionette reaktionärer Kräfte dargestellt, die sich auf Kosten der Armen unangemessen profilieren konnte.

Dass Extrempositionen – die völlige Überhöhung wie auch die totale Demontage – selten der historischen Wahrheit nahe kommen, sondern eher von psychisch-ideologischen Befindlichkeiten ihrer Urheber geprägt sind, braucht nicht näher erläutert zu werden. Schwieriger zu klären ist schon die Frage, wo im Fall Mutter Teresas eine gerechte Würdigung ihrer Person und ihres Werkes ansetzen kann.

Mutter Teresa selbst hatte immer betont, dass sie sich als einfache albanische Nonne sah, die eine religiös-missionarische Berufung in sich fühlte und diese zu verwirklichen suchte. Jeder Versuch, sie als Sozialreformerin, Philosophin oder Weltpolitikerin zu überhöhen, kann weder ihr noch ihrem Werk gerecht werden. Ob die Versuche mancher Biographen, sie – auch im Hinblick auf die angestrebte Heiligsprechung – nicht nur als fromme Christin, sondern als Mystikerin im Rang einer Thérèse von Liseux oder einer Theresia von Ávila darzustellen, sinnvoll sind, muss dahingestellt bleiben. Dass Autoren wie Chawla oder Mundakel ihr – wiederum im Hinblick auf die erwähnte Heiligsprechung – bereits wundertätige Wirkungen nachsagen, wirkt eher befremdlich. Auch der mit dem Prozess der Heiligsprechung befasste Brian Kolodiejchuk stieß in dasselbe Horn und präsentierte ebenfalls ein Heilungswunder: Am ersten Jahrestag des Todes Mutter Teresas, also am 5. September 1998, hätten Schwestern die schwer an Eierstockkrebs erkrankte Inderin Monica Besra mit einer Medaille, die früher in Kontakt mit Mutter Teresa gewesen sei, berührt und so die Geschwulst über Nacht zum Verschwinden gebracht.[211] Das Wunder wurde vom Vatikan als echt und zur Grundlage des folgenden Seligsprechungsprozesses erklärt.

Von ihrer Herkunft und Sozialisation her war Mutter Teresa ihr Leben lang in der Gedankenwelt eines hermetischen Katholizismus des späten 19. und frühen 20. Jahrhunderts gefangen. Die gesellschaftlichen und kirchlichen Aufbrüche, die ab 1968 ganz Europa und Amerika erschütterten, hat sie in Kalkutta kaum oder nur sehr entstellt wahrgenommen. Ein Lebensthema sind sie für sie nie geworden. Säkularisierte Gesellschaften waren ihr fremd und innerlich zuwider. Sie riss sich nicht um Stellungnahmen zu politischen oder sozialethischen Themen. Wenn sie ihr dennoch abgerungen wurden, waren sie eher pauschal und undifferenziert. In Rage konnte sie sich vor allem bei sexual- oder familienpolitischen Themen reden. Sich dabei im Rahmen traditionell-katholischer Anschauungen zu halten kann man einer Nonne und Ordensgründerin schwerlich vorwerfen. Wenn es freilich zutrifft, dass sie für alle Beteiligten einer Abtreibung die Todesstrafe gefordert haben soll [212], wenn es stimmt, dass sie eine Gegnerin von demokratischen Staatsformen war [213], dann wäre damit die Grenze zwischen ehrenwertem Konservatismus und unakzeptabler reaktionärer Auffassung sicherlich überschritten.

Dass Mutter Teresa seit ihrem Entschluss, Ordensfrau zu werden, von einem radikalen Idealismus erfüllt – Kritiker würden sagen: getrieben – wurde, ist offenkundig. Ein religiöser Idealismus, dem Geliebten Jesus nahe zu sein, seinen *Durst am Kreuz* zu stillen und ihm *Seelen zuzuführen*, wie sie es selbst, in jesuitischer Tradition, formulierte: Dieser Wille zur unbedingten, kompromisslosen Nachfolge war für sie selbst die entscheidende Antriebsfeder ihres Lebens. Ihr Lebenswerk, so groß und beeindruckend es ist, ist lediglich der Reflex auf ihr Erweckungserlebnis im Zug nach Darjeeling, Jesus im Antlitz der armen, leidenden und sterbenden Menschen zu sehen. Dass sich diese mystische Vorstellung nicht in einem zurückgezogenen, vielleicht literarisch frommen Wirken äußerte, sondern in einem weltweiten Sozialwerk, dem auch Gegner ihren Respekt kaum versagen können, dürfte zu den bleibenden Verdiensten Mutter Teresas zählen.

Freilich bedeutete die Radikalität ihres Nachfolgeideals für Mutter Teresa auch eine stete Gefährdung: eine Gefährdung durch geistliche Überforderung und eine Gefährdung durch die äußere Widersprüchlichkeit ihres Wirkens.

Die innere Überforderung bestand für Mutter Teresa darin, schon in jungen Jahren erkennen zu müssen, dass zwischen dem hohen Ideal, mit ihrem mystischen Geliebten Jesus eine unmittelbare und distanzlose Freundschaft führen zu können, und dem von Mutter Teresa verstärkt als *geistliche Dürre* erlebten Alltag ein grausamer Abgrund bestand. Je mehr sie sich durch eucharistische und kontemplative Frömmigkeitsformen auch bemühte, ihrem *Geliebten* nahe zu sein, desto schmerzlicher wurden ihr sein Schweigen und seine Ferne bewusst. Nach Mutter Teresas religiöser Vorstellung hatte der auferstandene Christus ja mit ihr gesprochen, wortwörtlich, war ihr in Auditionen und Visionen erschienen, doch diese mystischen Erscheinungen waren versiegt, und durch noch so innige Beschwörungen vermochte sie nicht, Wiederholungen zu erreichen. Je älter sie wurde, umso stärker musste sich Mutter Teresa wieder als irdisches Wesen erfahren, das mit seinen Zweifeln und Ängsten zu kämpfen hatte und dem keineswegs eine unangefochtene Heiligkeit in die Wiege gelegt war. Dass sie ihren Hader und ihre Konflikte nur wenigen Menschen mitteilen konnte, dass sie – auch darin Kind ihrer Zeit – vielmehr meinte, die Fassade der unangefochtenen Glaubensikone vor aller Welt und über Jahrzehnte weiterspielen zu müssen, verstärkte ihr Gefühl der Einsamkeit und Verlassenheit offenbar ins Unermessliche. Der Versuch mancher Zeitgenossen und Biographen Mutter Teresas, diese Verlassenheit als temporäre und notwendige Phase auf dem Weg zur Heiligkeit abzutun und ihren existenziellen Charakter zu leugnen, schmälert die Glaubwürdigkeit dieser Form von Annäherung an sie.

Mutter Teresa war eine innerlich gespaltene Person, dementsprechend polarisierend wirkte sie auf ihre Umwelt. Die Radikalität ihres Ideals, das kaum von einem irdischen Menschen, auch von Mutter Teresa nicht, gelebt werden konnte, bedeutete für viele ihrer Zeitgenossen Faszinosum, Provokation und Abschreckung zugleich.

Mit dem inneren Konflikt Mutter Teresas hängt auch die äußere Widersprüchlichkeit ihres Werkes zusammen, die im Gegensatz zu ihren Glaubenszweifeln bereits in den 1990er Jahren öffentlich diskutiert wurde. Mit der gleichen Rigorosität und Einfachheit, mit denen sie sich selbst in die Pflicht nahm und ihr Leben gestaltete, glaubte sie auch einen weitverzweigten Orden mit Niederlassungen in allen Kulturen der Welt leiten zu können. Einige von Mutter Teresas einfachen Maximen lauteten: Man braucht kein Konto und keine Buchführung. Man muss niemandem Rechenschaft geben, wohin Spenden fließen. Man zweifelt nicht am Glauben. Man braucht keinen Schutz vor den ansteckenden Krankheiten der Sterbenden. Man braucht keine Schmerzmittel. Man nimmt von einem Fremden keine Tasse Tee an. Man geht immer am besten zu Fuß, benutzt kaum das Fahrrad, schon gar nicht das Auto oder den Aufzug. Man geht nur außer Haus, wenn es der Dienst erfordert. Man braucht keine Privatsphäre. Man braucht auch bei sengender Hitze keinen Ventilator. Man nimmt moderne medizinische Geräte nicht an, auch wenn sie gespendet werden. Man kann überall auf der Welt mit einem Sari, einem Blecheimer und ein paar Sandalen auskommen.

Die Liste der einfachen Wahrheiten Mutter Teresas ließe sich beliebig fortführen. Aber die Wirklichkeit einer kleinen Gruppe indischer Frauen in Kalkutta war eine andere als die eines weltweit agierenden Ordens. Je weiter sich die «Missionaries of Charity» in der Welt verbreiteten, desto schmaler wurde der Weg zwischen dem Ursprungsideal der Nonnen und den Erfordernissen moderner Sozialarbeit. Die Kritik an Mutter Teresas wenig flexiblem Führungsstil ließ innerhalb und außerhalb des Ordens nicht lange auf sich warten. Schon der Konflikt mit dem männlichen Zweig der «Missionaries», die als Mönche einen anderen Lebensstil pflegen wollten als die Nonnen, deutet darauf hin. Nur zögernd erklärte sich Mutter Teresa bereit, den vielen Hunderten von Niederlassungen gewisse eigene Rechte in der Auslegung der Ordensregel zu gewähren. Nachdenklich schrieb sie in ihr Tagebuch: *Das Leben ist ein Rätsel, durchdringe es. [...] Das Leben ist Traurigkeit, über-*

*winde sie. […] Das Leben ist Kampf, akzeptiere ihn. Das Leben ist Tragödie, ringe mit ihr.*²¹⁴

Rätsel sind dazu da, durchdrungen zu werden. Traurigkeiten müssen überwunden werden. Zweifel, Kompromisse und offene Fragen blieben Mutter Teresa zeitlebens suspekt. Offenbar konnte sie nicht akzeptieren, dass eine solche «Begrenztheit» existenziell zum Menschsein gehört. Briefe mit entsprechenden Inhalten verbrannte sie, Gesprächspartner mahnte sie eindringlich zum Stillschweigen. Dass ihr gewaltiges Lebenswerk auch durch die Gebrochenheit und Widersprüchlichkeit seiner Schöpferin nicht gemindert wird, sondern bei vielen Menschen an Überzeugungskraft und Menschlichkeit eher gewinnt, ist ein Gedanke, der Mutter Teresa zutiefst fremd gewesen wäre.

your little one

Anmerkungen

1 Sprich: Gondscha Bojadschiu
2 Ermittelt vom Düsseldorfer Marktforschungsinstitut Ires für die «Wirtschaftswoche», zit. nach Stuttgarter Zeitung, 10. Mai 2001
3 Christian Feldmann: Die Liebe bleibt. Das Leben der Mutter Teresa. Freiburg 2007, S. 5 (nachfolgend mit «Feldmann» abgekürzt)
4 Wikipedia: Artikel «Mutter Teresa»
5 Brian Kolodiejchuk: Mutter Teresa. Komm, sei mein Licht. Die geheimen Aufzeichnungen der Heiligen von Kalkutta. München 2007, S. 58 f., dort auch die folgenden Zitate (nachfolgend mit «Kolodiejchuk» abgekürzt)
6 Kolodiejchuk, S. 26
7 Kolodiejchuk, S. 218
8 Feldmann, S. 6
9 Bereits im Jahr 518 wurde die römische Siedlung Scupi von einem Erdbeben vernichtet. Weitere katastrophale Beben folgten in den Jahren 1515 und 1963.
10 Feldmann, S. 10
11 Im Zweiten Weltkrieg wurde Skopje erneut von Bulgarien besetzt. Ab 1945 war die Stadt wieder Hauptstadt der Teilrepublik Mazedonien innerhalb Jugoslawiens. Seit 1991 ist Skopje Hauptstadt des unabhängigen Staates Mazedonien.
12 Kolodiejchuk, S. 26
13 Ebd.
14 Instruktion Mutter Teresas an ihren Orden, Mai 1984, zit. nach Koldiejchuk, S. 25
15 Kolodiejchuk, S. 27
16 Kolodiejchuk, S. 28
17 Brief Mutter Teresas an Anka Cavcic, 1931, Vatikanisches Archiv, Akte Seligsprechung Mutter Teresa (so auch in den folgenden Nennungen des Vatikanischen Archivs; zit. nach Kolodiejchuk)
18 Zit. nach Friedrich Heer: Mutter Teresa. Symbolfigur der Barmherzigkeit. In: Bruno Moser (Hg.): Große Gestalten des Glaubens. München 1982, S. 262 f. (nachfolgend mit «Heer» abgekürzt)
19 Thomas T. Mundakel: Der Engel der Armen. Mutter Teresa. München 2003, S. 16 (nachfolgend mit «Mundakel» abgekürzt)
20 Marianne Sammer: Mutter Teresa. Leben, Werk, Spiritualität. München 2006, S. 19 (nachfolgend mit «Sammer» abgekürzt)
21 Kolodiejchuk, S. 50
22 Kolodiejchuk, S. 51
23 Susmita Arp: Gandhi. Reinbek 2007, S. 128
24 Brief Mutter Teresas an Erzbischof Périer vom 1. September 1959, Vatikanisches Archiv
25 Ebd.
26 Kolodiejchuk, S. 42
27 Kolodiejchuk, S. 43
28 Kolodiejchuk, S. 44
29 Ebd.
30 Feldmann, S. 21, und Kolodiejchuk, S. 41
31 Kolodiejchuk, S. 45
32 Brief Mutter Teresas an Erzbischof Périer vom 1. September 1959, Vatikanisches Archiv
33 Kolodiejchuk, S. 49
34 Kolodiejchuk, S. 50
35 Mundakel, S. 14
36 Kolodiejchuk, S. 54
37 Mundakel, S. 17
38 Feldmann, S. 20
39 Kolodiejchuk, S. 54
40 Kolodiejchuk, S. 58
41 Kolodiejchuk, S. 64
42 Ebd.
43 Feldmann, S. 23
44 Mutter Teresa in einem Brief an Mutter M. Gertrude Kennedy vom 10. Januar 1948, Vatikanisches Archiv
45 Mutter Teresa in einem Brief an Erzbischof Périer vom 13. Januar 1947, Vatikanisches Archiv
46 Mundakel, S. 21
47 Feldmann, S. 26

48 Brief Mutter Gertrudes an Erzbischof Périer vom 25. Januar 1948, Vatikanisches Archiv
49 Brief von Erzbischof Périer an Mutter Gertrude vom 13. Januar 1948, Vatikanisches Archiv
50 Kolodiejchuk, S. 72 f.
51 Ebd.
52 Ebd.
53 Ebd.
54 Mutter Teresa in einem Brief an Pater van Exem vom 19. Oktober 1947, Vatikanisches Archiv
55 Pater van Exem in einem Brief an Erzbischof Périer vom 14. Juni 1947, Vatikanisches Archiv
56 Kolodiejchuk, S. 100
57 Mutter Gertrude in einem Brief an Erzbischof Périer vom 25. Januar 1948, Vatikanisches Archiv
58 Kolodiejchuk, S. 101
59 Ebd.
60 Mutter Teresa in einem Brief an Pater Joseph Neuner vom April 1961, Vatikanisches Archiv
61 Kolodiejchuk, S. 102, Fußnote
62 Mutter Teresa in einem Brief an Pater van Exem vom 19. Oktober 1947, Vatikanisches Archiv
63 Pater van Exem in einem Brief an Erzbischof Périer vom 20. Oktober 1947, Vatikanisches Archiv
64 Erzbischof Périer in einem Brief an Mutter Teresa am 29. Januar 1948, Vatikanisches Archiv
65 Kolodiejchuk, S. 141
66 Navin Chawla: Mutter Teresa. Die autorisierte Biographie. München 1993, S. 53 (nachfolgend mit «Chawla» abgekürzt)
67 Kolodiejchuk, S. 144
68 Mundakel, S. 25
69 Mundakel, S. 43
70 Kolodiejchuk, S. 157
71 Kolodiejchuk, S. 163
72 Feldmann, S. 34
73 Mundakel, S. 31
74 Mundakel, S. 39
75 Mundakel, S. 40
76 Feldmann, S. 36
77 Chawla, S. 97
78 Chawla, S. 78
79 Mundakel, S. 104
80 Mundakel, S. 111
81 Chawla, S. 81
82 Chawla, S. 270
83 Roswitha Kornprobst: Mutter Teresa. Zeichen der Hoffnung. Kevelaer 2007, S. 7 (nachfolgend mit «Kornprobst» abgekürzt)
84 Mundakel, S. 105
85 Mundakel, S. 40
86 Kornprobst, S. 35 f.
87 Erzbischof Périer in einem Brief an Mutter Teresa vom 1. Oktober 1952, Vatikanisches Archiv
88 Mundakel, S. 70
89 Kolodiejchuk, S. 206
90 Mundakel, S. 115
91 Chawla, S. 271
92 Chawla, S. 269, und www.helmut-zenz.de
93 Kolodiejchuk, S. 180
94 Feldmann, S 87
95 Mutter Teresa in einem Brief an Erzbischof Périer vom 20. März 1953, Vatikanisches Archiv
96 Mutter Teresa in einem Brief an Jesus, ohne Datum, nach Kolodiejchuk, S. 218
97 Kolodiejchuk, S. 182
98 Mutter Teresa in einem Brief an Erzbischof Périer vom 15. Dezember 1955, Vatikanisches Archiv
99 Kolodiejchuk, S. 178
100 Kolodiejchuk, S. 218 f.
101 Kolodiejchuk, S. 225
102 Kolodiejchuk, S. 244
103 Ebd.
104 Feldmann, S. 88
105 Feldmann, S. 92
106 Feldmann, S. 6
107 Kolodiejchuk, S. 263
108 Kolodiejchuk, S. 250
109 Feldmann, S. 92, und Sammer, S. 56
110 Kolodiejchuk, S. 210
111 Chawla, S. 269
112 Mutter Teresa in einem Brief an Schwester Margaret Mary im Jahr 1959, Vatikanisches Archiv
113 Malcolm Muggeridge: Some-

thing Beautiful for God. New York 1971, S. 18
114 Kolodiejchuk, S. 301
115 Feldmann, S. 93
116 Kolodiejchuk, S. 187 f.
117 Kolodiejchuk, S. 185
118 Mundakel, S. 10
119 Feldmann, S. 101
120 Mutter Teresa in einem Brief an P. Lawrence Picachy SJ im Juni 1961, Vatikanisches Archiv
121 Mutter Teresa in einem Brief an Erzbischof Périer vom 30. März 1947, Vatikanisches Archiv
122 Mutter Teresa in einem Brief an Erzbischof Périer vom 4. April 1952, Vatikanisches Archiv
123 Mutter Teresa in einem Brief an Pater Joseph Neuner SJ vom 6. März 1962, Vatikanisches Archiv
124 Mundakel, S. 9
125 Kolodiejchuk, S. 183
126 Kolodiejchuk, S. 350
127 Kolodiejchuk, S. 310
128 Feldmann, S. 111
129 Kolodiejchuk, S. 102
130 Ebd.
131 Feldmann, S. 152
132 Kolodiejchuk, S. 249
133 Zit. nach: www.helmut-zenz.de
134 Mutter Teresa in einem Brief an eine Mitschwester am 8. April 1977, Vatikanisches Archiv
135 Mutter Teresa, Persönliche Schriften 1965–67, Vatikanisches Archiv
136 Mutter Teresa in einem Brief an P. Joseph Neuner SJ vom April 1961, Vatikanisches Archiv
137 Kolodiejchuk, S. 227
138 Kolodiejchuk, S. 325
139 Chawla, S. 267
140 Kolodiejchuk, S. 167
141 Kolodiejchuk, S. 168
142 Feldmann, S. 146
143 Chawla, S. 160
144 Kolodiejchuk, S. 148
145 Kolodiejchuk, S. 185
146 Chawla, S. 193
147 Wikipedia: Artikel «Mutter Teresa»
148 Feldmann, S. 43
149 Mundakel, S. 118
150 Mundakel, S. 117
151 Ebd.
152 Ebd.
153 Chawla, S. 140
154 Chawla, S. 159
155 Mutter Teresa in einem Brief an Jacqueline de Decker vom 13. Januar 1953, Vatikanisches Archiv
156 Feldmann, S. 141
157 Mutter Teresa in einem Brief an Msg. McCarthy vom 29. Juli 1960, Vatikanisches Archiv
158 Mutter Teresa in einem Brief an Pater Picachy SJ vom 20. Oktober 1960, Vatikanisches Archiv
159 Mutter Teresa in einem Brief an Pater Joseph Neuner SJ vom 8. November 1961, Vatikanisches Archiv
160 Mutter Teresa in einem Brief an Pater Picachy SJ vom 3. September 1959, Vatikanisches Archiv
161 Rede Mutter Teresas vor dem Nationalkongress des Nationalkonzils Katholischer Frauen, 1960
162 Ebd.
163 Mutter Teresa in einem Brief an Pater Joseph Neuner vom 23. Oktober 1961, Vatikanisches Archiv
164 Kolodiejchuk, S. 266
165 Kolodiejchuk, S. 271
166 Mutter Teresa in einem Brief an Pater Picachy vom 27. Juni 1962, Vatikanisches Archiv
167 Mutter Teresa in einem Brief an Pater Picachy, ohne Datum, Vatikanisches Archiv
168 Mutter Teresa in einem Brief an Eileen Egan vom 8. Januar 1964, Vatikanisches Archiv
169 Mundakel, S. 161
170 Feldmann, S. 137 f.
171 Kolodiejchuk, S. 311
172 Feldmann, S. 81
173 Chawla, S. 252
174 Chawla, S. 253
175 Kolodiejchuk, S. 335
176 Kolodiejchuk, S. 336

177 Mutter Teresas Rede zum Nobelpreis am 11. Dezember 1979
178 Kolodiejchuk, S. 351
179 Kolodiejchuk, S. 348
180 Mundakel, S. 179
181 Bob Geldof: Is That It? London 1986, S. 30 f.
182 Sammer, S. 47
183 Kolodiejchuk, S. 360
184 Ebd.
185 Sammer, S. 49
186 Feldmann, S. 140
187 Zit. nach www.helmut-zenz.de
188 Feldmann, S. 154
189 Kardinal Joachim Meissner in einem ZDF-Interview am 16. Oktober 2003
190 Kolodiejchuk, S. 355
191 Kolodiejchuk, S. 377
192 Feldmann, S. 133
193 Feldmann, S. 136
194 Feldmann, S. 149 f.
195 Feldmann, S. 145
196 Feldmann, S. 77
197 Heer, S. 268
198 Feldmann, S. 150
199 Feldmann, S. 41
200 Feldmann, S. 43
201 Erik Möller: Zur Seligsprechung von Agnes Gonxha Bojaxhiu, www.heise.de
202 Ebd.
203 Aroup Chatterjee: The Final Verdict. Zit. nach www.meteorbooks.com/introduction.html
204 Feldmann, S. 147
205 Feldmann, S. 62
206 Ebd.
207 Zit. nach Erik Möller in: www.heise.de
208 Feldmann, S. 45
209 Feldmann, S. 146
210 Sammer, S. 60
211 Sammer, S. 59
212 www.mutter-teresa.info
213 Ebd.
214 Feldmann, S. 32

Zeittafel

1910 Am 26. August wird Agnes Gonxha Bojaxhiu in Skopje geboren.
1919 Agnes Gonxhas Vater stirbt unter ungeklärten Umständen.
1925 Eintritt in die Marianische Kongregation.
1928 Agnes Gonxha Bojaxhiu entschließt sich, Ordensfrau zu werden. Im November trifft sie im Mutterhaus der Loreto-Schwestern in Irland ein. Im Dezember Überfahrt nach Indien.
1929 Beginn des Noviziats in Nordindien. Lehrerin an der St. Mary's High School in Kalkutta.
1931 Ablegen der Ersten Gelübde.
1937 Am 24. Mai legt Mutter Teresa in Darjeeling ihre Ewigen Gelübde ab. Rektorin der Schule St. Mary's Bengali Medium.
1942/43 Bengalische Hungersnot.
1946 Am 10. September erfährt Mutter Teresa ihren «Tag der Entscheidung», ihre visionäre Berufung für die Armen.
1947 Indien wird unabhängig.
1948 Am 30. Januar wird Mahatma Gandhi von radikalen Hindus ermordet. Papst Pius XII. genehmigt die Exklaustrierung Mutter Teresas. Krankenpflegekurs in Patna. Beginn der Arbeit im Slum Motijhil.
1950 Papst Pius XII. bestätigt den Orden der «Missionaries of Charity».
1952 Zusammenschluss der «Kranken und leidenden Mitarbeiter».
1953 Einzug in das Mutterhaus in Kalkutta.
1954 Erstes Sterbehaus «Nirmal Hriday». Zusammenschluss der Co-Workers.
1955 Erstes Kinderhaus «Shishu Bhavan».
1957 Erste mobile Leprastation.
1958 Beginn der Arbeit außerhalb Kalkuttas.
1959 Erste Niederlassungen in Ranchi und Neu Delhi.
1960 Beginn von Mutter Teresas weltweiter Reisetätigkeit.
1962 Mutter Teresa erhält den indischen Lotus-Orden.
1963 Der Brüderorden nimmt seine Arbeit auf.
1965 Der Orden wird eine Gesellschaft päpstlichen Rechts.
1971 Mutter Teresa erhält die Ehrendoktorwürde der Universität Washington, in den Folgejahren zahlreiche weitere Ehrendoktorwürden.
1972 Jawaharlal-Nehru-Preis in Neu Delhi.
1973 Templeton-Preis in London.
1979 Mutter Teresa wird in Oslo der Friedensnobelpreis überreicht.
1992 Ehrenbürgerschaft Albaniens.
1996 Ehrenbürgerschaft der USA.
1997 Schwester Nirmala wird in der Nachfolge Mutter Teresas Generaloberin des Ordens. Mutter Teresa stirbt am 5. September und wird mit einem Staatsbegräbnis geehrt.
2003 Seligsprechung.
2007 Veröffentlichung ihrer geheimen Tagebuchaufzeichnungen.

Zeugnisse

Javier Pérez de Cuéllar
Die mächtigste Frau der Welt!
UN-Generalsekretär 1982–91.
Zitiert nach Feldmann, S. 5

Nelson Mandela
Sie wird schwer vermisst in den Anstrengungen, internationalen Frieden zu schaffen und eine gerechte, sorgende und gleichberechtigte Weltordnung zu erreichen.
Präsident Südafrikas.
Zitiert nach Stuttgarter Zeitung vom 10. Mai 2001

Helmut Kohl
Sie half den Ärmsten der Armen, gab ihnen Mut und ein Gefühl für ihre Würde.
Deutscher Bundeskanzler.
Zitiert nach Stuttgarter Zeitung vom 10. Mai 2001

Roger Schutz
Augustinus schrieb vierhundert Jahre nach Christus: «Liebe und sag es durch dein Leben.» Mutter Teresa hat dieses Wort zugänglich gemacht. Das Vertrauen auf Gott wird vor allem dadurch glaubwürdig und vermittelbar, dass es gelebt wird.»
Prior von Taizé.
Zitiert nach Frankfurter Allgemeine Zeitung vom 18. Oktober 2003

Karl Lehmann
Die katholische Kirche in Deutschland verneigt sich in Ehrfurcht vor diesem Engel der Liebe!
Bischof und Vorsitzender der Deutschen Bischofskonferenz am 5. September 1997.
Zitiert nach www.helmut-zenz.de

Abbé Pierre
Ihr Werk ist eine der eindrucksvollsten Manifestationen der Nächstenliebe in der ganzen Welt.
Kapuzinerpater und Gründer der Emmaus-Bewegung für Obdachlose in Frankreich.
Zitiert nach Marianne Sammer: Mutter Teresa begegnen. Augsburg 2003, S. 47

Albert Huart
Der Kontrast zwischen ihrer inneren Nacht und ihrer Fähigkeit, Gott in Worten und Taten anderen Menschen zu vermitteln, ließ mich alles tun, ihr zu versichern, dass Gott in ihr mächtig am Werk war, und sie darin zu bestärken, die Dunkelheit als Teil Seines Werkes zu akzeptieren.
Jesuitenpater.
Zitiert nach Kolodiejchuk, S. 353

Gunnar Schedel
Mutter Teresas Sorge galt dem Leben nach dem Tod, nicht dem irdischen. Deshalb taugt sie durchaus zur Vorzeigeheiligen. Zum Vorbild für ethisch verantwortliches Handeln taugt sie nicht.
Kritiker Mutter Teresas.
Zitiert nach www.mutter-teresa.info

Erik Möller
Nach zwei gescheiterten Anläufen wurde ihr der Nobelpreis 1979 als Ergebnis einer gut finanzierten Kampagne verliehen […].
Biograph.
Zitiert nach www.heise.de

Christopher Hitchens
Eine Medienheilige!
Biograph.
Zitiert nach www.heise.de

Bibliographie

Primärliteratur

Gorrée, Georges (Hg.): Mutter Teresa. Geistliche Texte. Mainz 1977
Mutter Teresa: Worte der Liebe. Freiburg i. Br. 1977
Gorrée, Georges (Hg.): The love of Christ. Spiritual Conseils. San Francisco 1982
Mutter Teresa: Ein Weg zum Lieben. München 1983
Mutter Teresa: Die Sprache der Hoffnung. Gütersloh 1984
Mutter Teresa: Aus der Stille des Herzens. Freiburg i. Br. 1984
Mutter Teresa, Roger Schutz: Kreuzweg. Freiburg i. Br. 1984
Mutter Teresa: My Life for the Poor. San Francisco 1985
Mutter Teresa: Beschaulich inmitten der Welt. Einsiedeln 1985
González-Balado, José Luis: Heart of Joy. Ann Arbor / Mich. 1987
Mutter Teresa, Roger Schutz: Maria. Mutter der Versöhnung. Freiburg i. Br. 1987
Devananda, Angelo: Für jeden Tag. Gedanken. Zürich 1990
Mutter Teresa, Roger Schutz: Gebet – Quelle der Liebe. Freiburg i. Br. 1991
Mutter Teresa: Meine Gebete. München 1992
Zippert, Christian (Hg.): Dienen in Freude. Gütersloh 1994
Mutter Teresa: A Simple Path. New York 1995, deutsch: Der einfache Weg. Hamburg 1995
Mutter Teresa: Zeiten der Barmherzigkeit. Freiburg i. Br. 1995
Mutter Teresa: Die Sprache des Herzens. Freiburg i. Br. 1997
Bader, Wolfgang (Hg.): Wie ein Tropfen im Ozean. München 1997
Mutter Teresa: Gebetbuch. Freiburg i. Br. 1999
Mutter Teresa: Öffne dein Herz wie ein Kind. Freiburg i. Br. 1999
Mutter Teresa: Leben, um zu lieben. Freiburg i. Br. 1999
Mutter Teresa: Reaching out in Love. Neu-Delhi 1999
Mutter Teresa: Wo die Hoffnung wohnt. Freiburg i. Br. 2001
Mutter Teresa: Was zählt, ist das Herz. Gebete, Gedanken, Meditationen. Leipzig 2004
Kolodiejchuk, Brian MC (Hg.): «Come, be my light». New York 2007, deutsch: Mutter Teresa. Komm, sei mein Licht. Die geheimen Aufzeichnungen der Heiligen von Kalkutta. München 2007

Sekundärliteratur

Allegri, Renzo: Mutter Teresa. Ein Leben für die Ärmsten der Armen. München 1993
Bader, Wolfgang: Mutter Teresas Umgang mit Sterbenden. München 2003
Baller, Heike: Mutter Teresa. Zürich 1995
Chatterjee, Aroup: Mother Teresa. The Final Verdict. Kalkutta 2003 (Online-Version: http://www.meteorbooks.com/index.html)
Chawla, Navin: Mutter Teresa. Die autorisierte Biographie. München 1993
Chitkara, M. G.: Mother Teresa. Neu Delhi 1998
Doig, Desmond: Mutter Teresa. Freiburg i. Br. 1972
–: Mutter Teresa. Ihr Leben und Werk in Bildern. Freiburg i. Br. 1976
Egan, Eileen: Such a Vision of the Street. London 1985, New York 1985
Feldmann, Christian: Die Liebe bleibt. Das Leben der Mutter Teresa. Freiburg i. Br. 1997, aktualisierte Neuausgabe im Licht ihrer Aufzeichnungen 2007
Fischer, Werner: Mutter Teresa von Kalkutta. Ein Heiligkeitsmodell des zeitgenössischen Katholizismus. München 1983

González-Balado, José Luis: Mother Teresa: Her Life, Her Work, Her Message 1910–1997: A Memoir. Liguori / Missouri 1997

Gosselke, Josepha: Mit Mutter Teresa unterwegs. Freiburg i. Br. 1983

Gray, Charlotte: Mutter Teresa. Die Helferin der Ärmsten der Welt. Würzburg 1989

Heer, Friedrich: Mutter Teresa. Symbolfigur der Barmherzigkeit. In: Bruno Moser: Große Gestalten des Glaubens. München 1982

Hitchens, Christopher: The Missionary Position. Mother Teresa in Theory and Practice. London 1995

Hofmeister, Ilse: Das Charisma der Mutter Teresa. Stuttgart 1985

Houthaeve, Robert: Moeder Teresa van Calcutta. Moorslede 1998

Kaiser, Birgit: Mutter Teresa. Passau 1998

Kornprobst, Roswitha: Mutter Teresa, Zeichen der Hoffnung. Kevelaer 2007

Jackman, Wayne: Mother Teresa. Hove (GB) 1993

Lapierre, Dominique: La Cité de la joie. Paris 1985

Lazo, Caroline: Mother Teresa. New York 1993

LeJoly, Edward: Wir leben für Jesus, Mutter Teresas geistlicher Weg. Freiburg i. Br. 1978, später: We do it for Jesus. Mother Teresa and her Missionaries of Charity. Neu Delhi, New York 1998

–: Mother Teresa of Calcutta. A Biography. San Francisco 1985

–: Wir lieben Gott in dieser Welt. Freiburg i. Br. 1985

McGovern, James: Christi Liebe weitergeben. Das Leben der Mutter Teresa. Freiburg i. Br. 1980

Muckenschnabel, Beate: Mutter Teresa. Passau 2000

Muggeridge, Malcolm: Mutter Teresa. Ein Leben für die Ausgestoßenen. Freiburg i. Br. 1972

–: Mutter Teresa. Leben und Wirken der Friedensnobelpreisträgerin. Freiburg i. Br. 1979

Mundakel, Thomas T.: Mother Teresa. London 1992, deutsch: Der Engel der Armen. Mutter Teresa. Die Biografie. München 2003

N.N.: Missionaries of Charity. In: Lexikon für Theologie und Kirche. 3. Aufl., Bd. 7, Freiburg i. Br. 1998

Philipp, Karin: Mutter Teresa. Passau 2001

Podojil, Catherine: Mother Teresa. Glenview / Ill. 1982

Porter, David: Mother Teresa. Grand Rapids / Mich. 1986

–: Mutter Teresa. Die Geschichte einer Berufung. München 1990

Rai, Raghu: Faith and Compassion. Shaftesbury (GB) 1996

–: Mutter Teresa: Ein Leben für die Armen. München 2005

Ruppert, Helmut: Mutter Teresa. Bergisch-Gladbach 1979

Sammer, Marianne: Mutter Teresa begegnen. Augsburg 2003

–: Mutter Teresa. Leben, Werk, Spiritualität. München 2006

Sebba, Anne: Mother Teresa. Beyond the Image. New York 1997

Serrou, Robert: Mutter Teresa. Eine Bildbiographie. München 1981

Spink, Kathryn: Mother Teresa. A Complete Authorized Biography. San Francisco 1997, deutsch: Mutter Teresa. Ein Leben für die Barmherzigkeit. Bergisch-Gladbach 1997

Srinivasa, Murthy: Mother Teresa and India. Long Beach / Cal. 1983

Theyssen, Hansjosef: Menschen wie Mutter Teresa. Karlsruhe 2000

Wellman, Sam: Mother Theresa. Missionary of Charity. Uhrichsville / Ohio 1997

Zelleke, Adelheid: Ein Leben in Liebe. Gütersloh 1998

Namenregister

Die kursiv gesetzten Zahlen verweisen auf die Abbildungen.

Abraham 48
Agnes, Sr. (eigtl. Subhasini Das) 61, 65, 124
Alacoque, Marguerite-Marie 19
Allegri, Renzo 141
Anand, Sr. 101
Andrea, Sr. 139
Andrew, Bruder 98 f., 115
Arafat, Yassir 122
Augustinus, Aurelius 47 f.

Ball, Frances 23
Basu, Jyoti 106
Benedikt XVI., Papst seit 2005 (eigtl. Joseph Ratzinger) 84, 130
Bernhard von Clairvaux 93
Besra, Monica 142
Bilotti, Vincenzo 121 f.
Blaikie, Ann 101
Boff, Leonardo 112
Bojaxhiu, Familie 14, 17, 57
Bojaxhiu, Aga (oder Age; Schwester) 14, 17, 113
Bojaxhiu, Dranafile («Drana»; Mutter) 14, 17, 19 f., 113
Bojaxhiu, Lazar (Bruder) 14 f., 17, 20, 113
Bojaxhiu, Nicolas («Kole»; Vater) 14, 16 f.
Bush, George Herbert Walker 122

Câmara, Hélder Pessôa, gen. Dom Hélder 112
Cardenal, Ernesto 112
Castro, Fidel 9
Charles Philip Arthur George, Prinz von Wales und Herzog von Cornwall 116, *116*
Chatterjee, Aroup 95, 135, 137 f.
Chawla, Navin 141 f.
Chinmoy, Sri *115*
Cooke, Terence James 115
Curlin, William G. 125

Dalai Lama XIV. (eigtl. Lhamo Dhöndup, gen. Tendzin Gyatso) 107
Daniel 44
Das, Subhasini siehe Agnes, Sr.
Decker, Jacqueline de 94, 100 f.
Desai, Morarji 109
Diana, Prinzessin von Wales 111, 125
Doig, Desmond 141
Doyle, William 39
D'Souza, Albert Vincent 105
Dunant, Henry 117
Duvalier, Jean-Claude («Baby Doc») 135

Egan, Eileen 102, 106, 141
Exem, Céleste van 38, 40, 49 – 52, 54 f., 58, 66, 81, 105, 123

Feldmann, Christian 84
Florence, Sr. (eigtl. Agnes Vincent) 65
Fox, Robin 139
Franz von Assisi, hl. (eigtl. Giovanni Bernardone) 42 f., 47

Gandhi, Indira 9, 96, 106 – 110, 135, *107*, *109*
Gandhi, Mohandas Karamchand, gen. Mahatma 31, 35, 36 f., 129, *36*
Gandhi, Rajiv 122
Gates, Bill (eigtl. William Henry G.) 8
Geldorf, Bob (eigtl. Robert Frederick Zenon) 121
Geoff, Bruder 99
Gertrude, Sr. (eigtl. Magdalene Gomez) 65
Godse, Nathuram 37
Goethe, Johann Wolfgang von 8
Gomez, Magdalene siehe Gertrude, Sr.
Gomez, Michael 62 f.
Gorbatschow, Michail Sergejewitsch 122
Gutiérrez, Gustavo 112

Haile Selassi I., Kaiser von Äthiopien 121
Henry, Julien 28, 58
Hildegard von Bingen 44

Hitchens, Christopher 95, 135 f., 139, 152
Hoxha (auch: Hodscha), Enver 20
Huart, Albert 152

Ignatius von Loyola (eigtl. Íñigo López Oñaz y L.) 22, 46, *47*
Islam, Mahbub 66
Isaak 48

Jakob 48
Jambrekovic, Franjo 17 f.
Jesus Christus 10 ff., 17 ff., 24, 27, 39 f., 42–46, 48–53, 55, 58 f., 65, 73 ff., 77, 81 f., 84 f., 88–95, 101–104, 113, 122, 127, 139, 143 f.
Jinnah, Mohammed Ali 33
Johannes (Apostel) 44
Johannes Paul II., Papst 1978–2005 (eigtl. Karol Wojtyła) 9, 22, 86 f., 121 f., 124, 130, *10*
Jugan, Jeanne 59
Jung, Carl Gustav 44

Keating, Charles H. jr. 137
Kennedy, Gertrud 52, 54, 57, 61
Kohl, Helmut 152
Kolodiejchuk, Brian 55, 86, 88, 142, *55*

Langford, Joseph 100
Lehmann, Karl 152
Leibniz, Gottfried Wilhelm 93
Lejoly, Edward 141
Leunis, Jean 17

Mandela, Nelson 152
Maria 17, 77, 88, 94, 122
Mary Prema, Sr. (eigtl. Mechthild Pierick) 131, *132*
McGovern, James 141
McNamara, Robert Strange 117
Mechthild von Magdeburg 19
Meisner, Joachim 124
Möller, Erik 137, 152
Mountbatten of Burma, Louis 33, 35
Mozart, Wolfgang Amadeus 8
Muggeridge, Malcolm 136, 141
Mundakel, Thomas T. 97, 142

Nehru, Jawaharlal 33, 36, 106 f., 129, *107*
Neuner, Joseph 82 ff., 102–105
Nirmala Joshi, Sr. 124, *125*
Nixon, Richard Milhous 108
Nobel, Alfred 117

Pascal, Blaise 47 f.
Paul VI., Papst 1963–78 (eigtl. Giovanni Battista Montini) 74
Peet, Michael van der 113, 119
Pérez de Cuéllar, Javier 9, 141, 152
Périer, Ferdinand 40, 47, 49–54, 56 f., 66, 72 f., 79, 81, 84, 88, 90, 94, 102 f., 105
Philip, Prinz von Großbritannien und Nordirland 115
Picachy, Lawrence Trevor 81 f., 84, 102, 104 f., *104*
Picasso, Pablo Ruiz y 8
Pierick, Mechthild siehe Mary Prema, Sr.
Pierre, Abbé 152
Pius IX., Papst 1846–78 (eigtl. Giovanni Maria Mastai-Ferretti) 19
Pius XI., Papst 1922–39 (eigtl. Achille Ratti) 22, 39
Pius XII., Papst 1939–58 (eigtl. Eugenio Pacelli) 53, 62
Porter, David 141
Preger, Jack 95, 138

Radhakrishnan, Sarvepalli 107
Rahner, Karl 104
Reagan, Nancy *112*
Reagan, Ronald Wilson 9, 110 f., 113, 121, 135, *112*
Roy, Bidhan Chandra 106

Saddam Hussein 113
Sammer, Marianne 84
Sanness, John 4, 117
Schafer, Peter 136
Schedel, Gunnar 152
Schutz, Roger 122 f., 152, *123*
Schweitzer, Albert 42
Sen, Dr. 73
Seuse, Heinrich 19
Shashikala 127
Shastri, Lal Bahadur 107

Sodano, Angelo 129
Spink, Kathryn 141
Stroscio, Rosario 84
Suttner, Bertha von 117

Tagore, Rabindranath 29
Thérèse von Lisieux, hl. (eigtl. Marie Françoise Thérèse Martin) 20, 22, 39, 82, 142, *22*
Theresia von Ávila 142

Tolstoj, Lew Nikolajewitsch 42
Travers-Ball, Ian siehe Andrew, Bruder

Vincent, Agnes siehe Florence, Sr.
Vogel, Bernhard *119*

Ward, Mary 20, 22 f.
Wüllenweber, Walter 140

ÜBER DEN AUTOR

Dr. Norbert Göttler, Jahrgang 1959, studierte in München Philosophie, Theologie und Geschichte und promovierte dort 1988. Arbeitet seitdem als freier Publizist, Schriftsteller (bei «rowohlts monographien» erschien 2008 sein Band über die Künstlergruppe «Der Blaue Reiter», rm 50607) und Fernsehregisseur (BR, ARD, 3sat, arte). Seit 2001 Lehrbeauftragter für Publizistik an der Hochschule für Philosophie SJ, München. Mitglied des deutschen PEN-Zentrums und der Europäischen Akademie der Wissenschaften und Künste in Wien. Freundeszeichen der Katholischen Akademie Bayern (2000) und Bundesverdienstkreuz am Bande (2004).

QUELLENNACHWEIS DER ABBILDUNGEN

dpa – Picture Alliance, Frankfurt a. M.: Umschlagvorderseite (Fotoreport), 10 (Fotoreport), 15, 66 (Fotoreport), 109 (Sven Simon), 126, Umschlagrückseite oben (Fotoreport), Umschlagrückseite unten (Bildarchiv)
Interfoto: 1 und 3 (Zill), 78 (V & A Images), 107 (Miller)
Keystone, Hamburg: 7, 68, 75, 116, 119 (the uhu fotodesign)
akg-images, Berlin: 9 (Paul Almasy), 22 (François Guénet), 32 (AP), 43 (Stefan Diller)
© Bildarchiv Preußischer Kulturbesitz, Berlin: 13, 16, 18 (Volker-H. Schneider), 29 (BSB), 36, 138 (Hilmar Pabel)
Verlagsarchiv Herder: 21, 26
ullstein bild, Berlin: 24 (TopFoto), 25 (Haeckel-Archiv), 33 (TopFoto), 73 (TopFoto), 79 (JOKER/Khandani)
Associated Press: 34, 97, 110, 111, 112, 115, 125, 128, 132
http://en.ignatianwiki.org/St._Ignatius_of_Loyola: 47
© KNA-Bild: 55, 71, 87, 92, 120, 123, 130, 146
http://commons.wikimedia.org/wiki/File:Lawrence_T._Picachy_(1916–1992).jpg: 104
Süddeutsche Zeitung Photo, München: 127 (AP)

Astrid Lindgren
Sybil Gräfin Schönfeldt; rororo 50703

Frida Kahlo
Linde Salber; rororo 50534

Paula Modersohn-Becker
Charlotte Ueckert; rororo 50567

Frauen um Goethe
Astrid Seele; rororo 50636

Alma Mahler-Werfel
Astrid Seele; rororo 50628

rowohlts monographien
Große Frauen

Romy Schneider
Michael Töteberg; rororo 50669

Elisabeth von Österreich
Lisbeth Exner; rororo 50638

Maria Theresia
Peter Berglar; rororo 50286

Katharina die Große
Reinhold Neumann-Hoditz; rororo 50392

Elisabeth I.
Herbert Nette; rororo 50311

Victoria
Jürgen Lotz; rororo 50627

Marion Dönhoff
Haug von Kuenheim; rororo 50625

Maria Montessori
Helmut Heiland; rororo 50419

Simone de Beauvoir
Christiane Zehl Romero; rororo 50260

Leni Riefenstahl
Mario Leis; rororo 50682

Jeanne d'Arc
Herbert Nette; rororo 50253

Weitere Informationen in der Rowohlt Revue *oder unter* www.rororo.de

Maria
Alan Posener; rororo 50621

Jesus
David Flusser; rororo 50632

Paulus
Claude Tresmontant; rororo 50023

Hildegard von Bingen
Helene M. Kastinger Riley; rororo 50469

Meister Eckhart
Gerhard Wehr; rororo 50376

rowohlts monographien
Religion und Theologie

Martin Luther
Christian Feldmann; rororo 50706

Die Reformatoren
Veit-Jakobus Dieterich; rororo 50615

Jakob Böhme
Gerhard Wehr; rororo 50179

Friedrich von Bodelschwingh
Hans-Walter Schmuhl; rororo 50687

Dietrich Bonhoeffer
Eberhard Bethge; rororo 50684

Edith Stein
Christian Feldmann; rororo 50611

Dalai Lama XIV.
Sabine Wienand; rororo 50673

Buddha
Volker Zotz; rororo 50477

Konfuzius
Volker Zotz; rororo 50555

Mohammed
Émile Dermenghem; rororo 50047

Franz von Assisi
Veit-Jakobus Dieterich; rororo 50542

Weitere Informationen in der Rowohlt Revue *oder unter* www.rororo.de